MERIAN *live!*

KREUZFAHRT
Kanaren

Susanne Lipps ist als Studienreiseleiterin tätig und verfasste Reiseführer über Valencia und die Costa Blanca, Andalusien, Lissabon, Madeira sowie über verschiedene Kanareninseln.

 Familientipps   Ausflüge

 Umweltbewusst Reisen   Faltkarte

 FotoTipp

Preise für ein dreigängiges Menü
ohne Getränke:

€€€€ ab 35 €   €€€ ab 25 €
€€ ab 15 €   € bis 15 €

INHALT

◄ Blick auf Lanzarote (► S. 60), die nord-
östlichste Insel des kanarischen Archipels.

Willkommen auf den Kanarischen Inseln.
Die Eilande im Ostatlantik trumpfen mit UNESCO-gekürter Inselnatur, malerischen Dörfern, goldgelben Sandstränden und angenehmen Temperaturen.

Nach einer sternenklaren Nacht auf See steigt die Sonne rasch aus dem Meer und taucht die herannahende Steilküste in ein goldgelbes Licht. Für diesen Anblick lohnt es sich, schon vor dem Frühstück an die Reling zu treten. Trotz der frühen Stunde ist die Luft mild. Die ausgleichende Wirkung des Ozeans sorgt auf den Kanaren rund ums Jahr für angenehme Temperaturen. Weiße Dörfer, dunkle Felsbuchten oder hellsandige Strände ziehen am Betrachter vorbei. Dann ist die Silhouette einer Stadt zu erkennen. Leuchtfeuer und Kräne kündigen den Hafen an, den mächtige Außenmolen vor der Brandung schützen.

Tuckernd läuft ein Fischkutter aus, wirkt wie ein Miniaturboot im Vergleich zu dem riesigen Kreuzfahrtschiff. Segeljachten dümpeln an den Holzstegen der kleinen Marina. Gerade hat eine Autofähre festgemacht, die den Verkehr von und zu der Insel aufrechterhält.

Der erste Landgang

Es riecht nach Atlantik, nach Seewasser und Tang. Möwen kreischen. Am Kai hocken Fischer und vertreiben sich die Zeit an Land mit dem Flicken ihrer Netze oder dem Dominospiel. Dann steht man schon mitten im Geschehen, am zentralen Platz irgendwo zwischen Hafen und

◄ Schöne Ausblicke auf die Küste bieten sich vom Deck der Kreuzfahrtschiffe.

Stadt. Hier treffen sich die Menschen in den Cafés, sitzen plaudernd auf Bänken oder laufen geschäftig auf und ab. Blumenhändlerinnen arrangieren mit geschickter Hand Strelitzien, die kanarischen Symbolpflanzen, und andere exotische Schätze.

Wohl gibt es in den kanarischen Städten jede Menge kultureller Sehenswürdigkeiten zu besichtigen, etwa Relikte der vorspanischen Inselbewohner, monumentale Bauten aus der Zeit nach der Conquista oder avantgardistische Architektur des dritten Jahrtausends. Doch auch die kleinen Dinge des Lebens verdienen Beachtung. Vielleicht taucht der neugierige Besucher einfach in die Atmosphäre ein und mischt sich unter die Canarios – sei es beim Einkaufen auf bunten Märkten oder in schicken Einkaufspassagen, am Strand oder beim Schlendern im Park. Danach lohnt die Einkehr in einem urigen Lokal. Gegrillter Fisch spielt eine Hauptrolle. An Jagdwild geben die Inseln Kaninchen her, traditionelles Schlachtvieh ist die Ziege. Diese liefert auch Käse, frisch oder mild geräuchert ein besonderer Leckerbissen. Tropisches Obst steht ganz oben auf dem Speiseplan. Vor allem Bananen ernten die kanarischen Landwirte in Hülle und Fülle.

Grandiose Inselnatur

Die landschaftlichen Reize der Kanaren stehen ganz im Vordergrund. Besonderheiten wie Las Cañadas auf Teneriffa, einen von der UNESCO zum Welterbe erklärten Riesenkrater, oder die von Lanzarotes begnadetem Künstler César Manrique gestaltete Vulkanhöhle Jameos del Agua sollten sich Reisende nicht entgehen lassen. Atemberaubend sind auch andernorts die vulkanischen Erscheinungen. Jede Insel besitzt ihren eigenen Charakter. Teneriffa, die größte und mit dem majestätischen Pico del Teide auch höchste, konkurriert mit Gran Canaria, das mit einem bizarren Felsgebirge und gewaltigen Dünenfeldern aufwartet. Fuerteventura und Lanzarote liegen nicht nur geografisch Afrika besonders nah. Goldgelbe Sandstrände säumen ihre Küsten, staubige Pisten erschließen das wüstenhafte Inselinnere. La Gomera wächst mit Felswänden fast senkrecht aus dem Meer und fasziniert mit undurchdringlichen Nebelwäldern. »La Isla bonita«, die hübsche Insel, wird das paradiesisch grüne La Palma genannt.

Darüber hinaus

Nach der legendären achten Insel, San Borondón, wird man im kanarischen Archipel vergeblich Ausschau halten. Oder meinten die frühen Seefahrer etwa Madeira? Jedenfalls steht die zu Portugal zählende Blumeninsel bei fast allen Kanarenkreuzfahrten wie selbstverständlich auf dem Programm. Weitere Abstecher führen gern in die portugiesische Metropole Lissabon oder nach Andalusien, wo die Städte Cádiz und Málaga darauf warten, entdeckt zu werden, die eine vom Atlantik, die andere vom Mittelmeer geprägt. Das exotische Flair des Orients lässt sich bei einem Landgang in Marokko schnuppern, in Tanger, der fünftgrößten Stadt des Landes, oder in Casablanca, weltbekannt durch den gleichnamigen Kultfilm.

MERIAN TopTen

MERIAN zeigt Ihnen die Höhepunkte entlang der Route.
Diese Highlights sollten Sie sich auf Ihrer Reise um die Kanaren auf keinen Fall entgehen lassen.

1 Las Cañadas, Teneriffa
Der Riesenkrater am Fuße des Pico del Teide beeindruckt durch dunkle Lavaströme und bizarre Felsformationen – eine imposante Kulisse für Wanderungen (▸ S. 37).

2 Dunas de Maspalomas, Gran Canaria
Goldgelbe sichelförmige Sanddünen bedecken weithin die Süd-spitze der Insel. Zum Meer hin gehen sie in breite Traumstrände über, die flach ins Wasser abfallen (▸ S. 49).

3 Betancuria, Fuerteventura
In der alten Inselhauptstadt, heute nur noch so groß wie ein Dorf und über eine kurvenreiche Bergstraße mit herrlichen Ausblicken erreichbar, blieb das Mittelalter lebendig (▸ S.56).

Jameos del Agua, Lanzarote
Inselkünstler César Manrique schuf mit der Vulkanhöhle sein Meisterwerk, ein wunderbares Wechselspiel von Licht, Musik, Wasser und Pflanzen (▸ S. 67).

 Parque Nacional de Garajonay, La Gomera
Üppig wie ein Dschungel, bedeckt der immergrüne Lorbeerwald das bergige Inselinnere – ein einmaliges Ökosystem, seit 1986 UNESCO-Weltnaturerbe (▸ S. 78).

 **Santa Cruz de La Palma, La Palma**
Die charmanteste Stadt der Kanaren, malerisch an einen steilen Küstenhang geschmiegt, besitzt viel Flair und bewahrt Prachtbauten vergangener Zeiten (▸ S. 83).

 **Monte, Madeira**
Villen und Parks prägen den Ort, hoch über der Stadt Funchal gelegen, in dessen Bergheiligtum eine wundertätige Madonna verehrt wird (▸ S. 95).

 Belém, Lissabon
Hier liefen die portugiesischen Entdeckungsfahrer zu ihren Seereisen aus. Repräsentative Bauten erzählen davon (▸ S. 97).

Museo Picasso, Málaga
In einem alten Stadtpalast ist der berühmteste Sohn der Stadt mit mehr als 200 Werken aus allen Schaffensperioden vertreten (▸ S. 107).

Mosquée Hassan II, Casablanca
Der höchste Sakralbau der Welt erhebt sich an der Uferfront, halb ins Meer hinausgeschoben. Seit 1993 beherrscht die Moschee das Stadtbild Casablancas (▸ S. 115).

MERIAN Tipps

Mit MERIAN mehr erleben. Entdecken Sie auf Ihren Landgängen das Leben und die besonderen Orte in den Hafenstädten der Kanaren.

1 Parque Marítimo, Teneriffa
Von Künstlerhand gestaltet: ein eindrucksvoller Badepark am Meer. Das Werk César Manriques ist eine ungewöhnliche Mischung aus Schwimmbad und Palmengarten (▸ S. 32).

2 Chacalote, Gran Canaria
Um zünftig Meeresfrüchte zu speisen, fahren die Bewohner von Las Palmas zu dem klassischen Lokal am kleinen Fischerhafen, fernab vom Trubel der Hauptstadt (▸ S. 48).

3 Las Rotondas, Fuerteventura
In dem zentral gelegenen, sich über vier Etagen erstreckenden Mega-Einkaufszentrum laden Stores spanischer Modedesigner zum Stöbern ein (▸ S. 56).

Parque Temático, Lanzarote
Freizeitvergnügen auf kanarische Art: Hier frönen ganze Familien dem Skaten, Joggen oder Relaxen (▸ S. 64).

 Galería de Arte Luna, La Gomera
Aktuelle Malerei von den Kanarischen Inseln präsentiert sich in der originellen Galerie, stilvoll untergebracht in einem schmucken Haus aus dem 17. Jh. (▸ S. 76).

Mercado La Recova, La Palma
Was die Insel zu bieten hat, stapelt sich auf den Marktständen: tropisches Obst, Gewürze und farbenfrohe Blumen (▸ S. 86).

Café do Teatro, Madeira
Szenetreffpunkt in Funchal ist das schicke Theatercafé. Hier geben sich Politiker, Unternehmer und Intellektuelle ein Stelldichein (▸ S. 94).

Eléctrico 28, Lissabon
Quer durch die Altstadt, steil hinauf und hinunter, rattert die legendäre Straßenbahn, und das bereits seit über 100 Jahren (▸ S. 99).

El Puerto de Santa María, Cádiz
Per Fährboot geht es von Cádiz durch die Bucht in den Hafenort, um Krabben und Muscheln frisch vom Kutter zu genießen (▸ S. 104).

M'nar Park, Tanger
Ein bunt gemischtes Publikum aus marokkanischen und spanischen Ausflüglern bevölkert den Wasserpark (▸ S. 112).

Hübsch renovierte Bürgerhäuser säumen die Calle Real, die Haupt- und Einkaufsstraße von San Sebastián auf La Gomera (▶ S. 72).

Zu Gast auf den
Kanarischen Inseln

Beim Landgang können die Kreuzfahrer den Inselalltag hautnah erleben, die bunten Märkte besuchen oder eine Fiesta mit Prozession und Feuerwerk bestaunen.

Praktische Infos

Einige Informationen, die das Leben an Bord erleichtern und die Reise angenehm gestalten, von Kabinenwahl über Seenotrettungsübung bis Sport- und Wellnessangebot.

◄ Puerto del Rosario (▶ S. 53) empfängt die Kreuzfahrer mit Kunst am Meer.

Die Kanarischen Inseln sind eine klassische Kreuzfahrtregion. Teneriffa stand schon um das Jahr 1900 zusammen mit dem benachbarten Madeira auf der Liste der angelaufenen Ziele. Heute drehen einige Schiffe ausschließlich in der Region ihre Runden, mit Abstechern nach Portugal, Spanien oder Marokko. Wer die Inseln intensiv kennenlernen möchte, ist mit einer solchen Reise am besten bedient. Andere Kreuzfahrtschiffe legen auf der Südamerikaroute, von der Nordsee oder dem Mittelmeer kommend, auf den Kanaren Zwischenstopps ein – die Alternative für jene Reisende, die in kürzerer Zeit mehr von der Welt sehen möchten.

Welches Schiff?

Auf den Kreuzfahrtschiffen deutscher Reedereien ist Deutsch die Bordsprache. Zwar werden Veranstaltungen und Durchsagen grundsätzlich mehrsprachig durchgeführt, und Rezeption, Oberkellner und Animateure sind polyglott. Ein Großteil des Personals auf ausländischen Schiffen versteht jedoch kein oder nur wenig Deutsch.

Ein weiteres Auswahlkriterium ist die Größe des Schiffes. Neuere Ozeanriesen fassen oft über 3000 Passagiere und haben bis zu 14 Decks (Stockwerke). Sie bieten zahlreiche Restaurants und Bars sowie eine Fülle von Unterhaltungsmöglichkeiten. Andererseits lernt man auf kleineren Schiffen schneller andere Passagiere kennen und fühlt sich individueller betreut. Auf Letzteren werden oft auch Themenreisen angeboten, und Experten stimmen mit Vorträgen auf die Landgänge ein.

In den Gewässern der Kanaren kreuzen vor allem die Clubschiffe von **AIDA Cruises** (www.aida.de). Sie drehen sieben- oder zehntägige Runden zwischen den Inseln mit Abstechern nach Madeira, Spanien oder Marokko. Die Flotte spricht ein junges Publikum an. Auffallend viele Stammkunden wissen das ungezwungene Konzept mit viel Sport und Spaß zu schätzen. Preislich liegen die Reisen im eher günstigen Bereich. Oft sind auch Mitglieder der ab 2017 sechs Schiffe umfassenden Flotte »Mein Schiff« von **TUI Cruises** (www.tuicruises.com) in den Kanarenhäfen zu sehen. Sie stehen für ein stilvolles Erlebnis, was auch durch die Farbgebung – ein klassisches Blau, wie bei den historischen Atlantiklinern üblich – zum Ausdruck kommt. Luxus ist angesagt, Theater und Musical gehören zur Abendunterhaltung.

Wer an Bord der MS Amadea, des neuen »Traumschiffs« aus der ZDF-Serie, gehen will, bucht bei **Phoenix Reisen** (www.phoenixreisen.com). Überschaubar große Schiffe mit viel Komfort und persönlichem Service sind typisch für die Reederei. Auch die MS Deutschland, auf der die Fernsehserie zwischen 1999 und 2015 gedreht wurde, gehört zur Flotte. Sie wurde 2015 wegen Insolvenz der Reederei Peter Deilmann an ein amerikanisches Unternehmen verkauft und jetzt von Phoenix Reisen für fünf Jahre jeweils zwischen Mai und September gechartert. Beide Schiffe nehmen rund 600 Passagiere auf und befahren unterschiedliche Routen, die oft auch die Kanarischen Inseln berühren. So werden etwa Reisen von Hamburg nach Gran Canaria oder Kanaren-Kapverden-Kreuzfahrten angeboten. Als luxuriöseste Kreuzfahrtschiffe der Welt gelten die MS Europa und die 2013 hinzugekommene MS Europa 2 von **Hapag-Lloyd** (www.hl-cruises.de). Jede der geräumigen Kabinen verfügt über einen Balkon. Im Restaurant sind Spitzenköche am Werk, das Unterhaltungsprogramm ist exquisit, und die Landausflüge kommen maßgeschneidert daher. Auf ihren Routen rund um die Welt lassen sich MS Europa und MS Europa 2 immer wieder in den kanarischen Häfen blicken, ebenso wie die anderen Schiffe der Flotte.

Die italienische Reederei **Costa** (www.costakreuzfahrten.de) unterhält in Savona, westlich von Genua, ein riesiges Kreuzfahrtterminal und startet von dort zu zehn- oder elftägigen Reisen in den Ostatlantik.

Dabei werden Málaga, Casablanca, verschiedene Kanareninseln und Madeira angelaufen. Hierbei sind An- und Abreise per Auto oder Bahn möglich. Oft gibt es preisgünstige Angebote.

Viel Romantik verspricht **Sea Cloud Cruises** (www.seacloud.com) mit seinen beiden Windjammern, auf denen man sich fast wie auf einer privaten Jacht fühlen kann. Während der Fahrt, etwa durch den Kanarischen Archipel in vier Tagen, werden – sofern der passende Wind weht – gern die Segel gesetzt.

Die richtige Kabine

Der Tagespreis pro Person schwankt je nach Schiffskomfort, Kabenkategorie und Reisesaison zwischen ca. 150 und 800 €, einschließlich der vollen Verpflegung und oft auch fast aller Getränke. Da bei Kanarenkreuzfahrten die Zeiten auf See rela-

Sicherheit wird großgeschrieben: Am ersten Tag auf See findet eine Seenotrettungsübung (▸ S. 16) statt, an der alle Reisenden teilnehmen müssen.

tiv kurz sind und man den Tag ohnehin auf dem Sonnendeck oder an Land verbringt, reicht eine **Innenkabine** aus. Eine Fernsehübertragung ersetzt hier oft die Sicht hinaus. Die etwas teureren **Außenkabinen** besitzen Bullaugen oder Fenster. Letztere lassen sich im Gegensatz zu Bullaugen normalerweise öffnen. Der eigene **Balkon** wird immer mehr zur Regel, auf manchen Schiffen werden gar keine anderen Kabinen mehr angeboten. Luxuriöse, geräumige Suiten liegen oft in einem separaten VIP-Bereich mit Restaurant, Lounge und Pool.

Die Gefahr, seekrank zu werden, ist auf modernen Schiffen dank guter Stabilisatoren gering. Allerdings kann im Ostatlantik während der Wintermonate durchaus heftiger Seegang auftreten. Wer auf Nummer sicher gehen möchte, bucht eine Kabine in der Schiffsmitte und möglichst weit unten. Vorne und oben sind die Schiffsbewegungen am stärksten spürbar, hinten hört man zudem die Maschinengeräusche.

Das Reisegepäck

Auf den meisten Schiffen geht es heute locker zu. Festliche Kleidung wird nur noch zu besonderen Anlässen erwartet, wie etwa dem Captain's Welcome, einem Cocktailempfang, bei dem der Kapitän jeden Gast mit Handschlag begrüßt. Danach oder auch an einem anderen Tag wird zum Captain's Dinner gebeten. Derartigen Events kann man mittlerweile vielfach aus dem Weg gehen, wenn man keine Abendrobe besitzt oder diese angesichts des meist auf 20 oder 23 kg beschränkten Fluggepäcks nicht nur aus diesem Grund mitnehmen möchte.

Die öffentlichen Innenbereiche sind klimatisiert, daher empfiehlt sich eine Strickjacke oder ein leichter Pullover. Auch an Deck kann es durch den Fahrtwind kühl werden, hier tut ein Anorak gute Dienste. An windgeschützten Stellen und beim Liegen im Hafen wiederum ist man der Sonnenstrahlung besonders stark ausgesetzt, da diese vom Meerwasser zusätzlich reflektiert wird. Daher gehören **Sonnenschutzmittel** und eine **Kopfbedeckung** ins Gepäck. Da die meisten Kanarenkreuzfahrten im Winterhalbjahr zwischen Oktober und April stattfinden, sind für die Landausflüge sowohl sommerliche Kleidung als auch ein wärmeres Kleidungsstück und Regenschutz für Fahrten in die Inselgebirge angebracht, ebenso natürlich bequemes Schuhwerk.

Gang an Bord

Kanarenkreuzfahrten beginnen und enden meist auf Teneriffa oder Gran Canaria. Die Reedereien bieten Fluganreisen, oft in Form von Gruppenflügen, in Kombination mit dem Transfer vom Airport zum Hafen und gegen Aufpreis mit individueller Abholung zu Hause (Pick-up-Service) an. Wer die Anreise selbst organisiert, sei es aus Kostengründen oder weil Flugzeiten und -routen den eigenen Bedürfnissen eher entgegenkommen, tut dies auf eigenes Risiko und sollte genügend zeitlichen Spielraum einplanen, um das Schiff nicht zu verpassen.

Das **Einschiffen** beginnt etwa drei Stunden vor dem Ablegen. Das Gepäck ist abzugeben und wird vom Bordpersonal zur Kabine gebracht. Man zeigt das Bordticket und den Reisepass oder Personalausweis vor und passiert eine Sicherheitskontrolle. Die Bordrezeption händigt die Schlüsselkarte (in Ausnahmefällen auch noch ein »richtiger« Kabinenschlüssel) aus und informiert über das Abendessen. Meist ist die Schlüsselkarte identisch mit der Bordkreditkarte, von der Ausgaben an Bord abgebucht werden, und dient als Ausweis bei der Rückkehr von Landgängen, um wieder auf das Schiff zu kommen. Aus Sicherheitsgründen steht die Kabinennummer meist nicht auf der Schlüsselkarte. Daher sollte man sich diese gut einprägen oder separat notieren.

Für Wertgegenstände übernimmt die Reederei keine Haftung. Diese sollten daher im Kabinensafe deponiert werden. Die Rezeption erteilt nähere Auskünfte.

Informiert sein

Viele Informationen über das Schiff sind den Veranstalterkatalogen und dem Internet zu entnehmen. Detaillierte Hinweise enthalten die etwa acht Tage vor Reiseantritt verschickten Unterlagen. An Bord helfen bei der Orientierung die Deckpläne. Es lohnt sich, an der **Informationsveranstaltung** zu Beginn der Reise teilzunehmen. Ein Bordreiseleiter vermittelt dort alles Wissenswerte über den Tagesablauf auf dem Schiff und über Landgänge. Für weitere Fragen steht die Rezeption rund um die Uhr zur Verfügung. Sie nimmt auch Post in Empfang, um sie im nächsten Hafen weiterzuleiten.

Das **Tagesprogramm** ist dem Bordfernsehen sowie Aushängen und Handzetteln, die in den Kabinen ausliegen, zu entnehmen. Diese Medien machen auch auf Informationsvorträge zu speziellen Themen wie Sport, Animation oder Nachtleben aufmerksam. Diese werden von qualifiziertem Personal gehalten, also von an Bord beschäftigten Animateuren. Abendliche Multimedia-Präsentationen bereiten auf den Landgang im nächsten Hafen vor. Bei dieser Gelegenheit kann man organisierte Ausflüge, Mietwagen oder Fahrräder buchen.

Schon bei Ankunft in der Kabine empfiehlt es sich nachzuschauen, wo sich die persönliche Rettungsweste befindet, wie diese angelegt wird und wo die Fluchtwege verlaufen. Innerhalb der ersten 24 Stunden an Bord wird die international vorgeschriebene **Seenotrettungsübung** durchgeführt. Die Teilnahme mit angelegter Schwimmweste ist für jeden Passagier Pflicht. Besatzungsmitglieder überprüfen den korrekten Sitz der Schwimmweste und geben weitere Hinweise, etwa welches Rettungsboot im Ernstfall – der hoffentlich niemals eintreten wird – zu besteigen ist.

Das Leben unterwegs

Die **Mahlzeiten** an Bord werden in Buffetform angeboten oder am Tisch serviert. Gibt es mehrere Restaurants, sind beide Alternativen vorgesehen. Zehn oder mehr Themenrestaurants sind auf Ozeanriesen keine Seltenheit. Für manche Bereiche wird dann Zuzahlung erhoben. Am Nachmittag gibt es Kaffee oder Tee, begleitet von Kuchen. Für Nachtschwärmer steht ein Mitternachtssnack bereit. Die Essenszeiten sind dem jeweiligen Tagesprogramm zu entnehmen, diese können je nach Liegedauer in den Häfen variieren. Auf den größeren Schiffen erhält man Pizzastücke und

Dem Kapitän obliegt die gesamte Verantwortung für das Schiff. Gelegenheit, ihn kennenzulernen, bietet das Captain's Dinner (▶ S. 15).

andere kleine Snacks durchgehend von morgens bis spät abends.

In zwei Schichten wird nur noch selten gegessen. Meist können die Restaurants alle Gäste gleichzeitig aufnehmen. Auf kleineren Schiffen gibt es reservierte Plätze, an denen man während der gesamten Fahrt mit den selben Tischnachbarn zusammensitzt. Bei Unzufriedenheit fragt man den Oberkellner, ob es möglich ist zu wechseln. Vielfach besteht jedoch inzwischen freie Platzwahl.

Das **Rauchen** ist auf den meisten Kreuzfahrtschiffen in den öffentlichen Innen- und Außenbereichen nicht mehr gestattet. Zigarette, Zigarre oder Pfeife sind lediglich noch in ein oder zwei Raucherbars unter Deck erlaubt, und es sind in den Außenzonen Raucherecken ausgewiesen. In den Kabinen darf man meist ebenfalls nicht mehr rauchen, mit Ausnahme des privaten Balkons. Jedes Kreuzfahrtschiff verfügt über eine **Ladenzeile**, wo man Kleidung und Dinge für den täglichen Bedarf, etwa Drogerieartikel, sowie Zeitschriften, Bücher und Souvenirs erwerben kann.

Entertainment

Das klassische Bordkino ist »out«, seit es in jeder Kabine einen Fernseher gibt und – gegen Gebühr – DVDs verliehen werden. Ebenso wurden die Spielcasinos zumindest auf deutschen Schiffen abgeschafft, da das Interesse an ihnen weitgehend fehlte. Stattdessen laden die Reedereien Opernstars, Popsänger oder auch bekannte Komiker ein, um das **Abendprogramm** für die Passagiere so abwechslungsreich wie möglich zu gestalten. In den Bars wird Livemusik geboten, am Pooldeck steigen Themenpartys.

Auch tagsüber wird es nie langweilig. Starköche veranstalten Kochkurse, Sommeliers halten Weinseminare, Salsa-Tänzer vermitteln Interessierten ihre Künste.

Die **Kinder-Animation** kommt ebenfalls nicht zu kurz. Generell werden Familien zunehmend als Kreuzfahrtgäste entdeckt. Oft reisen Kinder kostenlos oder stark ermäßigt mit. Animateure kümmern sich liebevoll um die Kleinen, während die Eltern sich entspannt zurücklehnen oder einen Landgang unternehmen können. Manche Reedereien bieten für die Kids sogar spezielle Landausflüge an.

Wohlfühlprogramm

An Bord wird **Wellness** ganz großgeschrieben. Oft verfügen die Schiffe über Pooldecks und Saunalandschaften, die manchem Luxushotel zur Ehre gereichen würden. Dort kann man sich auch – meist kostenpflichtige – Massagen und kosmetische Anwendungen unterschiedlichster Art gönnen. **Sport** ist ebenfalls ein wichtiges Thema. Traditionell wird auf Kreuzfahrtschiffen Shuffleboard gespielt, wobei zwei Spieler Scheiben mit einem Cue (Schieber) über ein Feld schießen. Hinzu kommen Oceanvolleyball, Basketball und Squash. Für Golfer gibt es Putting Greens oder sogar regelrechte kleine Plätze. Kletterwand und Jogging-Parcours gehören immer öfter zur Ausstattung. Manchmal wird auch persönliches Coaching angeboten. Ein Experte berät dann individuell in Sachen Sport und Ernährung.

Die Landgänge

Das Angebot an **organisierten Ausflügen** reicht von klassischen Sightseeing-Fahrten über Thementouren, Jeepausflüge, Wanderungen und Ausfahrten per Glasbodenboot oder zur Walbeobachtung bis hin zu Aktivprogrammen wie Tauchen, Schnorcheln, Wellenreiten oder Golf. Wer mag, kann sich auch einfach an einen attraktiven Strand oder zum Shopping auf einen landestypischen Markt fahren lassen.

Natürlich hat es durchaus seinen Reiz, Ausflüge und Aktivitäten an Land in eigener Regie zu unternehmen. Schon an Bord oder meist auch bei Ankunft im Hafen kann man einen Mietwagen oder ein Fahrrad buchen. Auch zu Fuß, mit öffentlichen Verkehrsmitteln oder per Taxi sind viele interessante Ziele zu erreichen. Kehrt ein Passagier allerdings von seinem **individuellen Landgang** nicht pünktlich zurück, wird in der Regel planmäßig ausgelaufen. Man muss dann versuchen, das Schiff auf eigene Kosten im nächsten Hafen wieder zu erreichen. Daher ist es wichtig, genügend Zeit einzuplanen und für den Notfall Ausweis und Kreditkarte mitzuführen.

Die in diesem Führer beschriebenen Haupthäfen der Kanarischen Inseln, Madeiras sowie der angrenzenden Festlandküsten besitzen allesamt Passagierkais. In Ausnahmefällen, etwa wenn kleinere Häfen wie Los Cristianos (Teneriffa) oder Porto Santo (Nachbarinsel von Madeira) angelaufen werden, müssen die Passagiere in Tenderbooten an Land gesetzt werden, eine etwas umständlichere und daher zeitaufwändigere Prozedur. Wetterbedingt können Landgänge unter Umständen dann auch ganz ausfallen.

Zum Abschied

Irgendwann geht die Kreuzfahrt unweigerlich zu Ende. Man bezahlt noch offene Rechnungen, hinterlegt Trinkgelder gemäß den Empfehlungen der Bordreiseleitung und schaut beim Bordfotografen vorbei, um vielleicht das eine oder andere Erinnerungsfoto zu erstehen. Auf größeren Schiffen werden die Passagiere, um Staus vor den Ausgängen zu vermeiden, in Ausschiffungsgruppen eingeteilt. In der Regel sind die gepackten Koffer am Vorabend vor der Kabinentür abzustellen, damit Gepäckträger sie morgens zum Transferbus bringen können. Bitte nicht vergessen, die Kleidung für den nächsten Tag herauszulegen und wichtige persönliche Dinge im Handgepäck zu verstauen. Die Kabine ist gegen 8 Uhr zu räumen, danach bleibt meist noch genügend Zeit für das Frühstück. In der Regel starten die Rückflüge von den Kanarischen Inseln nach Mitteleuropa erst am frühen Nachmittag. Etwa drei Stunden vor Abflug erfolgt der Transfer zum Flughafen. Für die Wartezeit bis dahin sollte man Lektüre bereithalten, denn an Bord sind jetzt fast alle Einrichtungen geschlossen. Vielleicht studiert man schon den Katalog mit den Angeboten für die kommende Saison, der oft am Vortag in die Kabine gelegt wird. Er macht Lust auf eine weitere Kreuzfahrt im nächsten Jahr.

Grüner reisen

Kreuzfahrten sind ökologisch nicht unumstritten. Schiffsantrieb, Wasseraufbereitung und Heizung verbrauchen viel Energie, und es fallen riesige Mengen Müll und Abwasser an. Doch sind für die Kreuzfahrtreedereien die Verwendung innovativer Technologien und das Einsparen und Recyceln von Müll inzwischen selbstverständlich. Die AIDA-Schiffe sind nach der internationalen Umweltnorm ISO 14001 zertifiziert, und Costa Kreuzfahrten finanziert Projekte zur Reinigung der Mittelmeerküsten. Während einer Kreuzfahrt bieten sich Ihnen viele Möglichkeiten, sich an Land umweltbewusst zu verhalten und Menschen zu unterstützen, denen ein verantwortungsvoller Umgang mit der Natur am Herzen liegt, beispielsweise durch den Besuch von Restaurants, die (Bio-)Produkte aus der Region verwenden, oder dem Einkauf in kleinen Läden, die noch traditionelle Produkte fertigen.

Grüne Empfehlungen sind durch dieses Symbol gekennzeichnet.

Essen und Trinken

Die Kanarischen Inseln bieten rund um den Kochtopf eine bunte Palette. Fisch aus dem Atlantik, Fleischgerichte und exotische Früchte spielen Hauptrollen auf der kulinarischen Bühne.

◄ Tapas (► S. 21), die typischen Appetithäppchen, munden zu jeder Tageszeit.

Typisch kanarisch ist der **Gofio**. Die mehlähnliche Substanz wird aus gerösteten Getreidekörnern oder Hülsenfrüchten gewonnen und bei Tisch in Suppen und Soßen gerührt, um diese gehaltvoller zu machen. Man kann mit Wasser, gehackten Zwiebeln und Kräutern auch Kugeln daraus kneten und als Snack zu einem Glas Wein genießen. Sogar den Frühstückskaffee peppen die Canarios gern mit etwas Gofio auf, und er ist Zutat für manches Dessert. Der indigenen kanarischen Bevölkerung ersetzte er sogar das Brot, dessen Herstellung sie nicht beherrschte. Zwischenzeitlich war das vielseitig einsetzbare Produkt allerdings ein wenig aus der Mode gekommen, erlebte aber mit der Rückbesinnung vieler Kanarenbewohner auf ihre prähistorischen Wurzeln eine Renaissance. Touristen wird Gofio selten angeboten, man muss danach fragen. Wer ihn mit nach Hause nehmen möchte, findet eine große Auswahl in jedem Supermarkt. Man sollte übrigens nicht versuchen, damit zu backen, denn das Ergebnis wäre hart wie Beton.

Gepflegte Kleinigkeiten

In Spanien heißen sie **Tapas**, auf den Kanaren auch **Enyesques**. So oder so handelt es sich um pikante Dinge, die zu jeder beliebigen Tageszeit zwischendurch genossen werden oder auch eine Mahlzeit ersetzen können. Die »tapa« im engeren Sinne ist ein winziger Appetithappen. Wer satt werden möchte, bestellt eine »ración« (Portion). In Bars, wo viele Einheimische verkehren, sind die Tapas oft in Kühltheken auf dem Tresen ausgestellt, um die Auswahl zu erleichtern. Kalt gegessen werden etwa »boquerones« (sauer eingelegte Sardellen), Tintenfischsalat oder »ensaladilla« (Russischer Salat mit Thunfisch). Unter den warmen Gerichten erfreuen sich Kichererbseneintopf, »albóndigas« (Fleischklößchen) und verschiedene Sorten Fisch großer Beliebtheit. In den Metropolen gehört der **Tapeo** am Wochenende zum festen Abendprogramm, speziell auch in Cádiz und Málaga. Die Menschen ziehen mit Freunden von Kneipe zu Kneipe, probieren hier das eine und da das andere Häppchen und genehmigen sich dazu jeweils ein Glas Wein.

Aus dem Meer

Generell kommen in Spanien und Portugal häufig **Fisch** und **Meeresfrüchte** auf den Tisch. Dabei sind die Gewässer speziell der Inseln gar nicht einmal reich an Fisch. Auf Madeira macht man aus der Not eine Tugend und angelt den in 1000 m Tiefe lebenden, schmackhaften und grätenarmen »espada« (Degenfisch). Gern wird er als Filet mit Banane zubereitet. Eine größere Vielfalt herrscht auf den Kanaren, wo es sich lohnt, in den oft sehr einfachen, bei den Einheimischen aber ungemein beliebten Hafen- und Strandlokalen (»kiosco«, »chiringuito«) einzukehren. Dort wird der frische Fang, meist verschiedene Brassenarten, einfach auf einer Eisenplatte (»plancha«) gebacken und mit »papas arrugadas« serviert, in Meerwasser gekochten Kartoffeln, die mitsamt ihrer verschrumpelten Schale gegessen werden. Dazu gehört »mojo«, eine rote oder grüne

Würzsoße mit Paprika, Kräutern und Knoblauch, die mild oder auch höllisch scharf sein kann. Thunfisch landet in der Regel als Steak auf dem Teller, auf Madeira gern von einer Zwiebelsoße begleitet. Charakteristisch für die Kanaren und Madeira sind »lapas« (Napfschnecken), die an Felsen in der Brandungszone leben. Mit Knoblauch gegrillt, entfalten sie ihr volles Aroma. Ansonsten haben Meeresfrüchte auf den Inseln Seltenheitswert, Muscheln und Krabben werden vom spanischen Festland eingeflogen. Es lohnt sich eher, diese in Cádiz zu probieren.

Deftig gegrillt

Auch **Fleisch** wird oft und in großen Portionen verspeist. Über die Kanareninseln verteilen sich geräumige Ausflugslokale, oft »parilla« (Grillstube) genannt, in denen am Wochenende ganze Familien mit Kind und Kegel zum ausgiebigen Tafeln zusammenkommen. Gegrilltes Huhn oder Spanferkel sowie Schmorgerichte aus Kaninchen oder Zicklein sind die Favoriten, die immer auf der Speisekarte zu finden sind und gerne gewählt werden.

Die Spezialität schlechthin auf Madeira heißt »espetada«. Den überlangen Rindfleischspieß, mit Lorbeer und Knoblauch gewürzt, teilen sich mehrere Personen. Ist er aufgegessen, wird nachgeliefert. Gemüse spielt im kulinarischen Angebot eher eine Nebenrolle und wird vielfach vorwiegend in Suppen und Eintöpfen verarbeitet. Vegetarier haben es auf den Inseln verhältnismäßig schwer. Allerdings schießen jetzt überall die Restaurants kreativer Jungköche, die regionale Rezepte neu interpretieren, wie Pilze aus dem Boden. Auf ihren Speisekarten führen sie meist auch zwei oder drei vegetarische Gerichte.

Gewürze des Orients

In Marokko sind die verschiedenen Varianten von »tajine«, einem klassischen Schmortopf mit oder ohne Fleisch, und natürlich der auch bei uns bekannnere »couscous« (Hartweizengrieß, garniert mit Kichererbsen, verschiedenen Gemüsesorten, Lammfleisch oder Huhn) hervorzuheben. Zum Dessert wird Gebäck gereicht, das häufig Datteln, Rosinen, Mandeln oder Honig enthält. Im Mittelalter wurden diese Zutaten auch auf der Iberischen Halbinsel populär, wie überhaupt die Mauren dort die Küche stark beeinflussten. Bis heute erinnert daran in Spanien und Portugal die reichliche Verwendung von orientalischen Gewürzen wie etwa Safran oder Koriander, speziell bei den klassischen Reisgerichten wie »paella« oder – auf Madeira und in Lissabon – »arroz de mariscos« (Reis mit Meeresfrüchten). Zwar ist die ursprünglich aus Valencia stammende Paella für die Kanarischen Inseln nicht wirklich typisch, aber Freizeitangler bereiten sie mit ihrem frischen Fang gern für die ganze Familie am Strand zu, und sie wird außerdem in vielen Restaurants angeboten.

Süße Versuchungen

Auch die üppigen **Desserts** und **Kuchen** sind ein maurisches Erbe. Eine außerordentlich beliebte Nachspeise ist »bienmesabe« (wörtl. »schmeckt mir gut«), eine Kreation aus Eiern, Mandeln und Honig. Auf Teneriffa und La Gomera, wo die Kanarische Dattelpalme den sirupartigen Palmhonig liefert, wird dieser gern mit Ziegenfrischkäse zu einem einfachen, aber köstlichen Dessert kombiniert. Besonders auf La Palma werden kleine Zuckerhüte mit Gofio gegossen, die »rapaduras«. Wem diese süßen Naschereien zu kalorienreich erscheinen, der hat die Wahl zwischen verschiedenen tropischen Früchten, die sowohl auf den Inseln als auch in Andalusien gedeihen. Die Kanaren erzeugen Bananen, die gern mit Cognac und Orangensaft flambiert und mit Vanilleeis serviert werden. Mangos, eine kleine einheimische Sorte, haben im Herbst Saison. Madeira ist für die Anona bekannt, die in Südspanien Cherimoya heißt – eine empfindliche Frucht mit birnenähnlichem Geschmack.

Die Getränke dazu

Kaffee ist ein wichtiges Thema in Spanien, man trinkt ihn zu allen Tageszeiten. Während der Arbeitspausen gehen die Canarios gern auf einen Sprung in die nächstgelegene Bar und genehmigen sich dort einen »cortado« (Espresso mit dicker Kondensmilch). Mitteleuropäischen Geschmäckern kommt meist eher der »café con leche« (Milchkaffee) entgegen. Zum Abschluss eines Essens, egal ob mittags oder abends, gehört immer ein »café solo« (Espresso). In Portugal heißen die entsprechenden Kaffeegetränke »garoto«, »meia de leite« (auf Madeira »chinesa«) und »bica«, wobei noch der »galão« hinzukommt, ein Kaffee mit sehr viel Milch.

Obwohl auf Gran Canaria auch **Bier** gebraut wird, trinken die Bewohner der Kanarischen Inseln zumeist doch eher **Wein** zum Essen.

Gute rote und weiße Tischweine, die auch mit kontrollierter Ursprungsbezeichnung (»denominación de origen«) aufwarten können, kommen von Teneriffa, Lanzarote und La

Unwiderstehlich: »bienmesabe«
(▸ S. 22), ein kanarisches Dessert.

Palma. Seit 500 Jahren fast unverändert produziert wird auf La Palma der Malvasía, ein Aperitifwein. Teetrinker kommen vor allem in Marokko auf ihre Kosten. Allgegenwärtig ist dort der »thé à la menthe«, sehr heiß servierter grüner **Tee** mit Minze und viel Zucker.

Empfehlenswerte Restaurants finden Sie bei den Orten im Kapitel ▸ **Unterwegs um die Kanarischen Inseln.**

Preise für ein dreigängiges Menü:

€€€€	ab 35 €	€€€	ab 15 €
€€	ab 25 €	€	bis 15 €

Einkaufen

Das Shoppingerlebnis kommt auf einer Kanaren-Kreuzfahrt nicht zu kurz. Strick- und Korbwaren, Keramik und kulinarische Spezialitäten sind hübsche Andenken.

◄ Traditionelle Korbflechter gibt es noch in Tefia auf Fuerteventura (► S. 56).

Kreuzfahrtpassagiere finden überall in Hafennähe Geschäfte, die landestypische Souvenirs führen. Wer ein Erinnerungsstück an seine Schiffsreise erstehen möchte, muss somit keine weiten Wege zurücklegen. In den spanischen und portugiesischen Hafenstädten sind meist auch die feinen Einkaufsstraßen mit Juwelieren und Designerstores bequem zu erreichen. Einen besonderen Reiz üben vielerorts die **Markthallen** und **Wochenmärkte** aus, die mit ihrem bunten, überbordenden Angebot faszinieren und den Besucher abseits der Touristenpfade in das Alltagsleben des Urlaubslandes eintauchen lassen. In Marokko verlocken die **Souks**, in deren engen Gassen sich Läden von Handwerkern und Händlern aneinanderreihen, zum ausgiebigen Stöbern nach Teppichen, Lederwaren und Holzarbeiten. Während dort das Feilschen zum guten Ton gehört, ist es auf der Iberischen Halbinsel und den zugehörigen Inseln höchstens bei besonders teuren Einkäufen üblich.

Spitzen, Körbe, Ton

Die Kanareninseln Teneriffa, Fuerteventura und La Palma sind, wie auch Madeira, für handgefertigte **Stickereiwaren** bekannt. Qualität hat aber natürlich ihren Preis. Daher wird oft Billigware aus Fernost angeboten. Wer sicher gehen möchte, echte einheimische Handarbeit zu erwerben, sollte auf Echtheitssiegel achten und nur in seriösen Geschäften kaufen, in Funchal etwa im Shop einer der dort ansässigen Stickereimanufakturen.

Ebenfalls charakteristisch für die Inseln sind **Flechtarbeiten**. Körbe aus Weidenruten sowie Taschen, Hüte und Matten aus Palmstroh eignen sich hervorragend als Mitbringsel. Auf den meisten Kanareninseln arbeiten Töpfer noch nach Art ihrer Vorfahren, also ohne Drehscheibe. Sorgfältig verziert ist die **Keramik** von La Palma, archaisch wirken die Tongefäße von Lanzarote und La Gomera.

Exotische Genüsse

Auch ausgefallene flüssige Souvenirs kann man mit nach Hause nehmen, von Gran Canaria etwa den einheimischen **Rum**, von Teneriffa den **Bananenlikör**. Die Winzer auf Lanzarote erzeugen auf ihren trockenen Vulkanböden den berühmtesten Wein der Kanaren. **Madeirawein** ähnelt dem Sherry oder Port, zeichnet sich aber durch einen sanften Karamellgeschmack aus. Weinstuben in Funchal laden zur Probe und zum Kauf ein.

Die eigenwillige kanarische Würzsoße Mojo mit viel Knoblauch ist auf allen Inseln in ihrer roten, oft recht scharfen und der milderen grünen Variante in kleinen Gläsern erhältlich. Auch gibt es **Marmelade** in ungewöhnlichen Sorten, etwa aus Kaktusfeigen, Tomaten, Maulbeeren und sogar aus Bananen. Auf La Palma und Fuerteventura kommt aus Salinen noch handwerklich hergestelltes **Meersalz**, das dem von Gourmets geschätzten »fleur de sel« (Salzblüte) durchaus ebenbürtig ist.

Empfehlenswerte Geschäfte finden Sie bei den Orten im Kapitel ► **Unterwegs um die Kanarischen Inseln.**

Bunt bemalte Häuschen säumen den Hafen von Puerto de Mogán
(▸ S. 50), dem Bilderbuchort auf Gran Canaria.

Unterwegs um die
Kanarischen Inseln

Eine Kreuzfahrt um die Kanaren verheißt Inselcharme und
ewigen Frühling vor grandiosen Naturkulissen.

Teneriffa

Die größte Kanareninsel begeistert mit herrlichen Landschaften, lebendigen Städten und kultureller Vielfalt.
Strandgänger wählen zwischen Playas und Felsenpools.

◄ Iglesia de Nuestra Señora de la Concepción in Santa Cruz (▸ S. 30).

Teneriffa steht auf dem Programm fast aller Kanarenkreuzfahrten. Die beeindruckende Kulisse mit dem höchsten Berg Spaniens, dem oft von Schnee gekrönten Vulkankegel Pico del Teide (3717 m), grüßt schon von Weitem. Während sich der Inselnorden oft in Passatwolken hüllt, unter denen Bananen und Wein gedeihen, zeigt sich der Süden wüstenhaft trocken. Schon Alexander von Humboldt pries vor über 200 Jahren die Vorzüge Teneriffas. Im 19. Jh. noch exklusives Urlaubsziel des Adels, entwickelte sich die »Insel des ewigen Frühlings« in den vergangenen Jahrzehnten zu einem Touristenmagneten ersten Ranges.

Santa Cruz de Tenerife   ▸ S. 141, E 1/2

207 000 Einwohner
Stadtplan ▸ S. 31

Als zweitgrößte Stadt der Kanarischen Inseln konkurriert Santa Cruz de Tenerife mit Las Palmas auf Gran Canaria. Beide Städte teilen sich die Hauptstadtfunktion, alle vier Jahre wechselt die Regierung ihren Sitz. Zwar hat Las Palmas immer wieder die Nase vorn, doch dafür bietet Santa Cruz dem von Meer her anreisenden Besucher das schönere Stadtbild, mit seiner weißen, dicht geschlossenen Bebauung und dem schroffen Anaga-Gebirge im Hintergrund. Nicht nur zum Karneval, der hier besonders bunt und aufwändig gefeiert wird, stellen die Bewohner ihr Temperament unter Beweis. Santa Cruz ist eine Stadt mit sehr viel Flair, mit gepflegten Plätzen und hübschen Parks, einem lebhaften Markt und beachtlichen Sehenswürdigkeiten.

HAFEN

In Santa Cruz de Tenerife liegt der Passagierkai für Kreuzfahrtschiffe nur etwa 400 m vom Hauptplatz Plaza de España entfernt. Dort beginnt auch gleich die Fußgängerzone Calle del Castillo mit vielen Geschäften. Alle wichtigen Sehenswürdigkeiten sind zu Fuß zu erreichen. Legen mehrere Schiffe gleichzeitig in Santa Cruz an, machen sie auch an der Außenmole fest, bis zu 1,5 km von der Plaza de España entfernt. Taxis stehen am Kai bereit. www.puertosdetenerife.org

SEHENSWERTES
Auditorio de Tenerife

▸ S. 31, südwestl. b 6

Mit seiner spektakulären Architektur präsentiert sich das Auditorium als modernes Aushängeschild der Stadt. Nach einem Entwurf des valencianischen Stararchitekten Santiago Calatrava (geb. 1951) entstand es 2003. Wie ein gewaltiges aufgeblähtes Segel überspannt das frei schwebende Dach die küstennahe Konzerthalle, in der bis zu 1600 Zuschauer Opernaufführungen, Auftritte des Symphonieorchesters von Teneriffa (www.ost.es) sowie Rock-, Pop- und Jazzkonzerte verfolgen können. Die Veranstaltungen finden in der Regel am Wochenende (Fr–So) statt, sowohl tagsüber als auch abends. Außerdem ist das Haus nach Voranmeldung im Rahmen von Führungen zu besichtigen. Av. de la Constitución 1 • Tel. 9 22 56 86 00 • www.auditoriodetenerife. com • Führungen: Mo–Sa 12.30 Uhr, Juli–Sept. auch Mo–Fr 17.30 Uhr

Iglesia de Nuestra Señora de la Concepción ► S. 31, b 5

Traditionelles Wahrzeichen von Santa Cruz ist der schlanke Turm der Empfängniskirche mit achteckigem Glockenaufsatz. Zu seiner Erbauungszeit im 17. Jh. häuften sich die Piratenüberfälle auf kanarische Küstenstädte. Daher diente er zugleich als Wehrturm, auf dem ständig ein Posten nach feindlichen Schiffen Ausschau hielt. Die Kirche selbst wurde 1502 gegründet, später aber mehrfach erweitert. Das Innere ist fünfschiffig, einzigartig für die Kanaren. Es birgt aufwändige Holzschnitzereien, etwa das Chorgestühl, die Decken einiger Seitenkapellen und den prächtig mit Blattgold verzierten Hauptaltar. Zu dessen Linken wird in einer Kapelle das Kreuz verehrt, dem die Stadt ihren Namen verdankt. Der spanische Eroberer Alonso Fernández de Lugo ließ es 1493 zum Zeichen des Sieges über die indigene Bevölkerung am Strand von Santa Cruz aufstellen.
Av. de Bravo Murillo

Iglesia de San Francisco de Asís ► S. 31, c 3

Die ehemalige dreischiffige Franziskanerkirche an der gleichnamigen Plaza gilt als ausnehmend schönes Beispiel für den spanischen Barockstil und beeindruckt den Besucher mit ihren holzgeschnitzten Retabeln (Altarrückwänden) aus dem 17./18. Jh., die reich mit Blattgold belegt und mit Gemälden und Skulpturen geschmückt sind. Herausragende Bedeutung besitzt der Altar mit dem »Señor de Santa Cruz«, einer dramatisch gestalteten Christusbüste, die von den Stadtbewohnern besonders inbrünstig verehrt

wird. Die Figur soll mehrfach Wunder wie etwa das Ende einer verheerenden Cholera-Epidemie im Jahre 1893 bewirkt haben. Alljährlich am Dienstag in der Karwoche findet eine nächtliche Prozession statt, bei der die Büste durch die Straßen rund um die Kirche getragen wird.

MUSEEN

Museo de la Naturaleza y el Hombre (MNH) ► S. 31, c 5

Das moderne, gut konzipierte Museum, das eine Ausstellungsfläche von 40 000 qm umfasst, beschäftigt sich sowohl mit der Natur als auch mit den Menschen. Die naturkundliche Abteilung zeigt paläontologische, botanische und zoologische Sammlungen und genießt internationalen Ruf, was die Erforschung der makaronesischen Flora und Fauna betrifft. Unter dem Begriff Makaronesien (griech.: glückliche Inseln, makarios – glücklich, nesos – Insel) werden die ostatlantischen Inseln und Inselgruppen Kanaren, Selvagens, Madeira, Azoren und Kapverden zusammengefasst.

Die archäologisch-anthropologische Abteilung des Museums widmet sich der Vorgeschichte Teneriffas, der Zeit also, als die aus Nordafrika eingewanderten Guanchen bis zur spanischen Eroberung im 15. Jh. auf der Kulturstufe der Steinzeit lebten. Neben zahlreichen Funden von Keramik und Gerätschaften aus Stein, Knochen und Muschelschalen beeindrucken die altkanarischen Mumien, die an ägyptische Vorbilder erinnern. Eine auf Teneriffa gefundene Münze zeugt von einer Expedition, die König Juba II. von Mauretanien um Christi Geburt zu den Kanarischen Inseln unternahm.

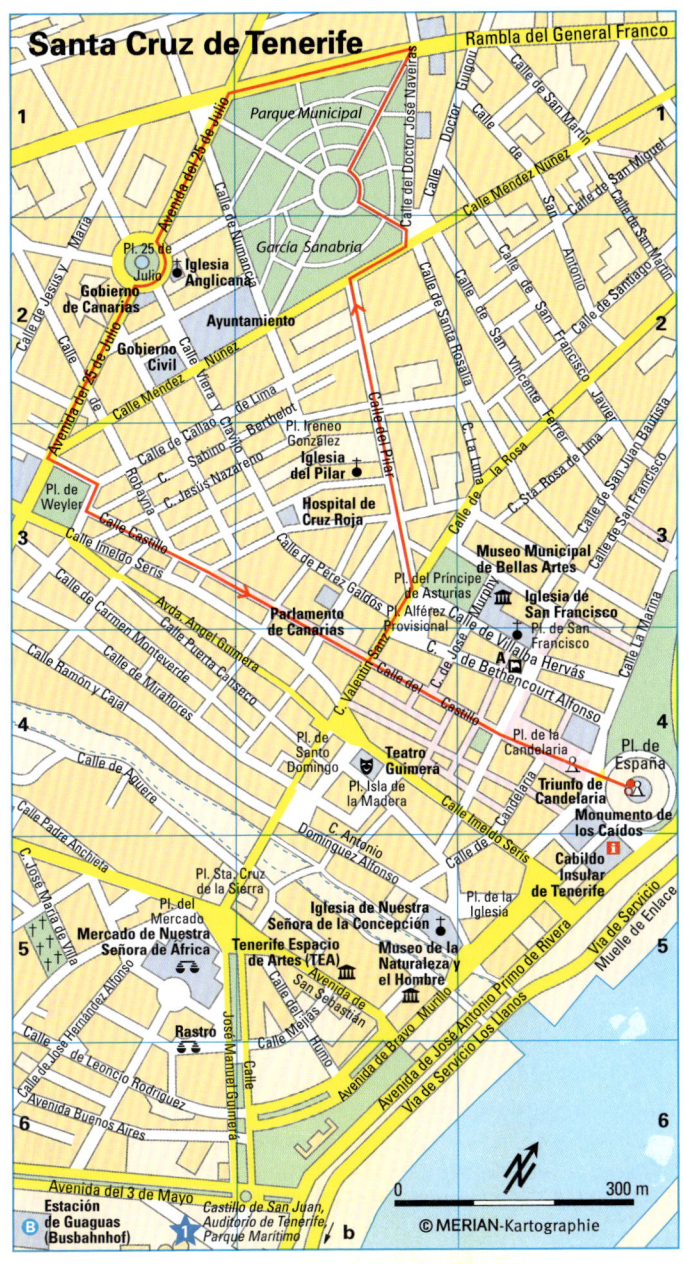

Santa Cruz de Tenerife

Rambla del General Franco

Parque Municipal

García Sanabria

Pl. 25 de Julio
Iglesia Anglicana
Gobierno de Canarias
Ayuntamiento
Gobierno Civil

Pl. de Weyler

Pl. Ireneo González
Iglesia del Pilar
Hospital de Cruz Roja

Museo Municipal de Bellas Artes
Iglesia de San Francisco
Pl. de San Francisco

Parlamento de Canarias
Pl. del Príncipe de Asturias
Pl. Alférez Provisional

Pl. de Santo Domingo
Teatro Guimerá
Pl. de la Isla de la Madera

Pl. de la Candelaria
Pl. de España
Triunfo de Candelaria
Monumento de los Caídos

Pl. Sta. Cruz de la Sierra
Pl. del Mercado
Mercado de Nuestra Señora de África
Tenerife Espacio de Artes (TEA)
Iglesia de Nuestra Señora de la Concepción
Museo de la Naturaleza y el Hombre
Pl. de la Iglesia
Cabildo Insular de Tenerife

Rastro

Avenida del 3 de Mayo
Estación de Guaguas (Busbahnhof)
Castillo de San Juan, Auditorio de Tenerife, Parque Marítimo

0   300 m

© MERIAN-Kartographie

C. Fuente Morales • www.museos detenerife.org • Di–Sa 9–20, So, Mo 10–17 Uhr • Eintritt 5 €, Kinder 3,50 €

⭐ MERIAN Tipp

PARQUE MARÍTIMO 👫

▸ S. 31, südwestl. b 6

Lanzarotes großer Künstler César Manrique schuf auch auf Teneriffa Werke, die seine unverwechselbare Handschrift tragen, so den »Meerespark« bei der alten Hafenfestung Castillo de San Juan Bautista, eine fantasievolle Mischung aus Schwimmbad und Palmengarten. Geschwungene Linien und winzige Inseln charakterisieren die Pools, deren türkisgrünes Meerwasser sich vor dem himmelblauen Horizont abzeichnet. Auch ein Zugang zum Meer mit Sandstrand ist vorhanden, auf dem im Sommer Beachvolleyball gespielt wird. Großzügige Liegeflächen, Whirlpools und viele weitere Einrichtungen machen den Aufenthalt für die Besucher zu einem außergewöhnlichen Vergnügen.

Santa Cruz de Tenerife, Av. de la Constitución 5 • tgl. 10–19 (Winter 18) Uhr • Eintritt 2,50 €, Kinder 1,50 €

Museo Municipal de Bellas Artes

▸ S. 31, c 3

Im Museum der schönen Künste interessieren insbesondere die Gemälde und Skulpturen kanarischer Künstler, allen voran des Jugendstilmalers Néstor de la Torre (1887–1938) von Gran Canaria. Francisco Bonnín Guerín (1874–1963) erhielt für seine Aquarelle entscheidende Impulse durch deutsche und britische Künstler, die sich in seinem Heimatort Puerto de la Cruz (Teneriffa) aufhielten. Auch der bekannte Surrealist Óscar Domínguez (1906–1958) stammte von Teneriffa. Besonders ins Auge fällt das riesig dimensionierte Bild »Primera Misa en Añaza« (Erste Messe in Añaza) von Gumersindo Robayna (1829 bis 1898). Es thematisiert die Gründung von Santa Cruz. Kunstliebhaber finden hier auch Wechselausstellungen.

C. José Murphy 12 • www.sctfe.es • Di–Fr 10–20, Sa, So 10–15 Uhr • Eintritt frei

STRAND

Playa de Las Teresitas 👫

▸ S. 31, c 5

Der Hausstrand von Santa Cruz liegt außerhalb der Stadt beim Fischerdorf San Andrés, wo sich einige beliebte Fischrestaurants entlang der Promenade reihen. Schon 1973 wurde die zuvor recht kiesige Playa auf 1,5 km Länge mit hellem Sand aus der Sahara aufgewertet und durch riesige Wellenbrecher vor der Brandung geschützt. Palmen spenden Schatten. Ab 2017 soll eine Erweiterung des Strandes erfolgen. Außerdem wird gegenüber ein Stadtpark mit Spielplätzen und Skatepark entstehen.

7 km nördl. von Santa Cruz de Tenerife • Bus: Linie 910, alle 10–15 Min.

SPAZIERGANG

Stadtplan ▸ S. 31

Ein Spaziergang durch Santa Cruz beginnt an der kreisrunden, zum Meer hin offenen **Plaza de España**, dem größten Platz der Kanarischen Inseln. Die weitläufige Anlage wurde in den Jahren 2006/2007 nach Entwürfen des internationalen Architekturbüros   Herzog & de Meuron

Die naturgeschichtliche Abteilung des Museo de la Naturaleza y el Hombre (▶ S. 30) vermittelt einen guten Überblick über Geologie, Klima, Flora und Fauna des Archipels.

neu gestaltet, um einen würdigen Zugang vom Hafen zur Stadt zu schaffen, und prunkt mit Elementen wie »el lago« (Teich mit Brunnen) oder »el parque« (Garten auf Vulkangestein), die den Blick auf sich ziehen. Landeinwärts schließt die **Plaza de Candelaria** an, wo sich der monumentale **Palacio Insular** aus den 1930er-Jahren erhebt, Sitz der Inselregierung. Sofern Sie nicht schon hier in einem der Straßencafés eine Pause einlegen möchten, laufen Sie nun durch die Fußgängerzone Calle del Castillo, die bedeutendste Einkaufsstraße der Stadt. Hier findet sich neben den Stores bekannter spanischer Modedesigner noch so manches alteingesessene Geschäft. Ein Abstecher nach rechts durch die Calle Valentín Sanz führt zur **Plaza del Príncipe de Asturias**, einem ehemaligen Klostergarten, dem Baumriesen Schatten spenden. Im zentralen Pavillon spielen hin und wieder Orchester auf. Folgen Sie nun der Calle del Pilar, einer Geschäftsstraße der feineren Art, zum **Parque Municipal García Sanabría**. Der 6 ha große gepflegte Stadtpark besticht durch Wasserspiele, Laubengänge, eine Skulpturensammlung und eine Vielfalt exotischer Zierpflanzen. Verlassen Sie den Park nach Nordwesten, wo Sie auf die Rambla gelangen, einen großzügigen Boulevard. Auf seinem alleeartigen Mittelstreifen finden sich die Stadtbewohner am frühen Abend zum »paseo« ein. Sie schlendern auf und ab, lassen sich hier und da auf einer Bank nieder oder gönnen sich an einem der nostalgischen Kioske ein Eis und werfen vielleicht auch einen Blick auf die Bronzefigur »Goslar Warrior«, einen gefallenen Krieger, ein Werk des englischen Bildhauers Henry Moore.

Folgen Sie der Rambla nach links und biegen Sie dann links in die Avenida del 25 de Julio ein, um die lauschige **Plaza de los Patos** zu erreichen. Bunte sevillanische Fliesen zieren den Brunnen in der Mitte und die Sitzbänke ringsum, auf denen noch die nostalgische Keramikwerbung der Firmen zu sehen ist, die den Platz finanzierten. Es lohnt der Blick in die eine oder andere Seitenstraße, auf die dortigen Jugendstilvillen. Gehen Sie dann entlang der Avenida weiter Richtung Süden bis zur **Plaza Weyler**, wo der zentrale Springbrunnen die Hauptattraktion ist. Die 5,80 m hohe, mit Kinderfiguren verzierte Marmorkonstruktion ließ der damalige Bürgermeister von Santa Cruz Ende des 19. Jh. in Genua anfertigen. An der Plaza Weyler treffen Sie auf das Ende der Calle del Castillo, der Sie jetzt Richtung Meer zurück zur Plaza de España folgen. Dauer: 2 Std.

ESSEN UND TRINKEN

La Hierbita ▸ S. 31, c 4
Gediegenes Ambiente • Ein Stadthaus aus dem 19. Jh. bildet den ansprechenden Rahmen, um inseltypische Menüs zu genießen. C. El Clavel 19 • Tel. 9 22 24 46 17 • www.lahierbita.com • tgl. 12–22.30 Uhr • €€€

Taberna Ramón ▸ S. 31, westl. a 1
Ein Klassiker • Im hübsch dekorierten Speiseraum kommen frisch geschnittener Serrano-Schinken oder Meeresfrüchte auf den Tisch, danach »solomillo« (Lende), Lammkoteletts, Variationen vom Thunfisch … Rambla de Santa Cruz 56 • Tel. 9 22 24 13 67 • Mo–Fr 12–16 und 19.30–23.30, Sa 13–24 Uhr • €€€

Bodegón El Puntero ▸ S. 31, a 3
Althergebracht kanarisch • Hier wird tagesfrischer Fisch noch auf der »plancha« (Eisenplatte) gebacken und mit der typischen »mojo«-Soße auf den Tisch gebracht. C. San Clemente 16 • Tel. 9 22 28 22 14 • Mo–Sa 12.30–17 und 20.30–24 Uhr • €€

Køkken Gastrobar ▸ S. 31, c 3
Ausgefallene Küche • Mitten in einer schönen Einkaufsstraße werden kreative Tapas frisch angerichtet. C. La Luna 8 • Tel. 9 22 28 08 18 • www.kokken.es • Di–Do 13.30–17 und 20.30–24, Fr, Sa 13.30–24, So 13.30–17.30 Uhr, letzter So im Monat geschl. • €

Manhattan ▸ S. 31, westl. c 2
Eine Institution • Gilt in Santa Cruz als feste Größe und idealer Treffpunkt. Den besten Überblick bietet die Terrasse. Günstige Tagesgerichte. Av. Francisco La Roche 7 • Tel. 9 22 27 46 58 • tgl. 9–1 Uhr • €

EINKAUFEN

Mercado Nuestra Señora de África »La Recova« ▸ S. 31, a 5
Die lebhafte, stets von Trubel erfüllte Markthalle von Santa Cruz wurde architektonisch einem spanischen Gutshof nachempfunden. Zur Erbauungszeit in den 1940er-Jahren lag sie noch außerhalb der Stadt. Ein breites Tor gewährt Einlass, dahinter warten Blumenstände auf Kunden. Auf zwei Ebenen preisen die Händler Geflügel, Fisch und Wurstwaren, Obst und Gemüse an. Exotische Gewürze, etwa Safran oder scharfe Pfefferschoten, eignen sich ebenso als Mitbringsel wie pikant eingelegtes Gemüse, Oliven und Kapern.

Av. San Sebastián 51 • www.la-recova.com • Mo–Sa 6–14, So 7–14 Uhr

SERVICE
AUSKUNFT
OIT Santa Cruz de Tenerife

▶ S. 31, c 4

Pl. de España • Tel. 9 22 28 93 94 • www.todotenerife.es • Okt.–Juni Mo–Fr 9–18, Sa 9–13, Juli–Sept. Mo–Fr 9–17, Sa 9–12 Uhr

Ausflüge
◎ Garachico und Icod de los Vinos ▶ S. 140, B 2

Im beschaulichen Garachico lohnt ein Spaziergang am Meer und zur kleinen Festung **Castillo de San Miguel** (17. Jh.), die einst den Hafen vor Piraten schützte. Vorbei an der **Puerta de la Tierra**, dem alten, 1706 von einem Lavastrom praktisch verschütteten Hafentor, gelangt man zur schattigen **Plaza de Arriba**, wo ein Pavillon zur Kaffeepause einlädt. Weiter oben im Winzerort Icod de los Vinos sollte man einen Blick in die prunkvoll ausgestattete **Iglesia San Marcos** (16. Jh.) nicht versäumen. Hübsche barocke Herrenhäuser säumen die nostalgische **Plaza de la Constitución**. Dort offerieren kleine Läden den örtlichen Wein zur Probe und zum Kauf.

Ca. 60 km westl. von Santa Cruz de Tenerife

SEHENSWERTES
Cueva del Viento

Mit gut 17 km ist die Cueva del Viento (»Windhöhle«) oberhalb von Icod eine der längsten Vulkanröhren der Welt. Sie entstand vor 27 000 Jahren bei einer Eruption an der Flanke des Teide. Unter dem oberflächlich schon erstarrten Lavastrom floss glühende Gesteinsschmelze weiter

Deftiges frisch vom Markt: Die Stände auf dem Mercado Nuestra Señora de África (▶ S. 34) bieten kulinarische Köstlichkeiten für ein Picknick oder als Mitbringsel.

In der Casa de los Balcones (▶ S. 37) in La Orotava kann man Kunsthandwerkerinnen bei der Fertigung traditioneller Hohlsaumstickereien über die Schulter schauen.

und hinterließ den Hohlraum. Das Höhlensystem besteht aus Galerien und Nebengängen, die sich auf drei »Etagen« befinden. Im Rahmen einer zweistündigen Führung sind die bizarren Lavastrukturen im Inneren auch für die Öffentlichkeit zu besichtigen. Ein Besucherzentrum gibt Auskunft über Fossilfunde und Insektenfauna in der Höhle. www.cuevadelviento.net • Besucherzentrum Di–Sa 9–16 Uhr, aktuelle Termine für Höhlenführungen auf der Webseite • Eintritt 16 €, Kinder 5 €

Drago Milenario

Der »tausendjährige« Drachenbaum von Icod de los Vinos dürfte in Wirklichkeit nur etwa 400 Jahre alt sein. Dennoch beeindruckt er durch seine Dimensionen. Drachenbäume galten den Ureinwohnern als heilig. Sie mumifizierten ihre Toten mit dem Harz dieser Pflanzen, das später den Europäern einen wertvollen Naturfarbstoff lieferte. Um den Baumriesen erstreckt sich der **Parque del Drago**, ein botanischer Garten für die kanarische Wildflora. Pl. de la Constitución 1 • tgl. 9.30–18.30, April–Sept. bis 19.30 Uhr • Eintritt 5 €, Kinder 2,50 €

◎ La Laguna   ▶ S. 141, E 1

153 000 Einwohner

Die UNESCO erklärte die Bischofs- und Universitätsstadt zum Welterbe. Bis 1723 befand sich in La Laguna der Regierungssitz von Teneriffa. Seither scheint die Zeit stehen geblieben zu sein. Barocke Adelspaläste säumen die Straßen, allen voran die **Casa de los Capitanes Generales**, in der früher die Inselgouverneure residierten und deren Innenhof öffentlich zugänglich ist. Zur lebhaften Atmosphäre der Universitätsstadt tragen vor allem die vielen

Studenten bei, die Plätze und Parks, Bars und Tavernen bevölkern.
9 km nordwestl. von Santa Cruz de Tenerife

SEHENSWERTES
Santuario del Santísimo Cristo
Der Eroberer Alonso Fernández de Lugo gründete das Franziskanerkloster im 16. Jh. Aus dieser Zeit stammt der Cristo de La Laguna, eine Christusfigur im Stil der Gotik aus einer sevillanischen Werkstatt. Sie wird in der ansonsten schlicht gehaltenen Klosterkirche in einem Barockretabel (18. Jh.) aus getriebenem Silber verehrt, das kanarische Auswanderer stifteten, die auf Kuba mit dem Anbau von Zuckerrohr zu Geld gekommen waren.
Pl. de San Francisco del Cristo • www.cristodelalaguna.org • tgl. geöffnet

ESSEN UND TRINKEN
Tasca La Carpintería
Kanarisch kreativ • Emilio Otero Silvosa, Pionier der Gourmetküche auf Teneriffa, verwöhnt seine Gäste in einem herrlichen Speisesaal. Wer nur eine Kleinigkeit essen möchte, probiert am Tresen Schinken und Käse zu einem Glas Teneriffa-Wein.
C. Nuñez de la Peña 14 • Tel. 9 22 26 30 56 • www.tascalacarpinteria.es • Mi–Mo 13–17 und 20–24 Uhr • €€€

◎ La Orotava ▶ S. 141, D 2
41 500 Einwohner
Die vornehme Stadt ist wirtschaftliches Zentrum des gleichnamigen, fruchtbaren Tals und gilt als Ort des Kunsthandwerks. Im denkmalgeschützten historischen Kern lohnt hinter dem Rathaus ein Blick in die **Hijuela del Botánico**, einen exotischen kleinen Garten. Ungleich repräsentativer wurden nebenan die Jardines del Marquesado de la Quinta Roja angelegt, ein Terrassenpark mit Marmormausoleum für den Grafen Quinta Roja-Ponte von 1882. Unterhalb des Rathauses erhebt sich die **Iglesia Nuestra Señora de la Concepción**, Ende des 18. Jh. im Rokokostil auf den Trümmern einer durch ein Erdbeben zerstörten Vorgängerkirche erbaut. Sie birgt wertvolle Heiligenfiguren des einheimischen Bildhauers Fernando Estévez (1788–1854). Schnittstelle zwischen alter und neuer Stadt bildet die **Plaza de la Constitución** mit einem typischen Kiosco unter hohen Bäumen, der den Passanten Kaffee und kühle Getränke offeriert.
39 km westl. von Santa Cruz de Tenerife

EINKAUFEN
La Casa de los Balcones
Das »Balkonhaus«, ein Adelspalast aus dem 17. Jh., besitzt die schönsten, aus dem festen Holz der Kanarischen Kiefer geschnitzten Balkone weit und breit und einen üppig bepflanzten Innenhof. Gemeinsam mit zwei noblen Nachbarhäusern bildet die Casa einen Verkaufskomplex für kanarisches Kunsthandwerk, u. a. für handgefertigte Stickereien, sowie für gastronomische Spezialitäten. Einige der Museumsräume sind eingerichtet wie anno dazumal.
C. San Francisco 3 • www.casa-balcones.com • Mo–Fr 8.30–19, Sa, So 8.30–18.30 Uhr

◎ Las Cañadas ⭐ ▶ S. 140, C 3
In über 2000 m Höhe erstreckt sich zu Füßen des Pico del Teide der Riesenkrater Las Cañadas, eine menschenleere, mondähnliche

Lavalandschaft. Am östlichen Kraterzugang informiert das Besucherzentrum **El Portillo** über die Besonderheiten des Gebiets, das als Nationalpark unter Schutz steht. Besonders eindrucksvoll präsentieren sich **Los Roques de García**, eine gezackte Felslandschaft mit dem **Zapato de la Reina,** einer Gesteinsformation, die den Namensgeber an den Stöckelschuh einer Königin erinnerte. Für das leibliche Wohl sorgen einige Restaurants bei El Portillo und die Cafeteria des Parador de las Cañadas del Teide, eines einsam gelegenen Berghotels mitten im Krater. Ca. 100 km südwestl. von Santa Cruz de Tenerife

FotoTipp

Puerto de la Cruz ▸ S. 140, C 2

32 500 Einwohner

Der Hafen- und Fischerort an der Nordküste zog schon im 19. Jh. die ersten Reisenden, vor allem Briten, an. Heute bevorzugen die meisten Badetouristen zwar die Ferienstädte in Teneriffas Süden, Puerto de la Cruz hat aber eine Fangemeinde, die das angenehme Ambiente zu schätzen weiß. Den fehlenden Strand ersetzte in den 1970er-Jahren die **Costa de Martiánez,** ein Meister-

werk des spanischen Künstlers César Manrique, der hier eine einzigartige Felsgartenlandschaft mit riesigem, künstlichem See und diversen Meerwasserpools schuf. Es gibt in Puerto de la Cruz auch zwei künstlich aufgeschüttete Sandstrände. An der Promenade füllen sich nachmittags die Cafés, und in den angrenzenden Straßen laden niveauvolle Geschäfte zum Shopping ein.

41 km westl. von Santa Cruz de Tenerife

SEHENSWERTES

Jardín Botánico

Teneriffas legendärer Botanischer Garten wurde ab 1788 angelegt. König Carlos III. wollte hier Zierpflanzen aus den Tropen für eine spätere Überführung in seine Gärten in Madrid akklimatisieren. Dort wollten die exotischen Gewächse dennoch nicht recht gedeihen. Das milde Klima der Kanaren bekam ihnen hingegen gut. So findet man im dschungelähnlichen Jardín Botánico heute rund 5000 Pflanzenarten aus fünf Kontinenten, von mittlerweile oft stattlichem Wuchs.

C. Retama 2 • www.icia.es • tgl. 9–18 Uhr • Eintritt 3 €

Loro Parque 🎎

Der Zoo, am westlichen Stadtrand gelegen, ist besonders stolz auf seine Tiger und Gorillas, die in artgerechten Landschaftsgehegen leben. Das Aquarium mit Haitunnel, die Shows mit Delfinen, Seelöwen und Orcas sowie das größte Pinguinarium der Welt sind auch für Kinder spannende Attraktionen.

Punta Brava • www.loroparque.com • tgl. 8.30–18.45 Uhr, letzter Einlass um 16 Uhr • Eintritt 34 €, Kinder 23 €

Begegnung mit den Elementen: Eindrucksvoll ist eine Wanderung durch den Riesenkrater Las Cañadas (▶ MERIAN TopTen, S. 37) am Fuße des Pico del Teide.

ESSEN UND TRINKEN

Régulo

Wunderbare Atmosphäre • Nicht weit von der Plaza del Charco, dem zentralen Altstadtplatz von Puerto de la Cruz, bietet dieses gediegene Lokal beste kanarische Küche, die auch sehr viele Fischgerichte auf der Speisekarte hat. Eine ausgezeichnete Weinauswahl ergänzt das kulinarische Erlebnis.

C. Pérez Zamora 16 • Tel. 9 22 38 45 06 • www.restaurantregulo.com • Mo 18.30–23, Di–Sa 12.30–15.30 und 18.30–23 Uhr • €€€

El Maná

Kreativ ökologisch • Eines der auf den Kanarischen Inseln noch dünn gesäten Restaurants, die ausschließlich Bio-Produkte von erstklassiger Qualität verwenden und daraus schmackhafte, fantasievolle Gerichte zaubern. Es wird vorwiegend, aber nicht nur vegetarisch gekocht. Das kleine Lokal mit offener Küche ist überdies ansprechend gestaltet und sehr gemütlich.

C. Mezquínez 21 • Tel. 9 22 37 24 74 • www.elmana.es • Mi–Fr 19–23, Sa, So 13–16 und 19–23 Uhr • €€

Spuren der Entdeckungsfahrer

Der Kanarische Archipel war einst Anlaufstelle antiker Seefahrer und später Sprungbrett der spanischen Eroberer auf dem Weg nach Amerika.

Passatwinde trieben die mittelalterlichen Segler zu den Kanarischen Inseln. Mit den üblichen Mittelmeerschiffen war es damals unmöglich, gegen die stetig parallel zum afrikanischen Kontinent aus Nordost wehende, starke Atlantikbrise aufzukreuzen. So wäre man zwar mit Leichtigkeit zu den Kanaren gelangt, nicht aber wieder zurück. Erst die Entwicklung der ozeantauglichen Karavelle ermöglichte den Entdeckungsfahrern die Heimkehr.

Faszination Naturfarben

Vor ihnen hatten allerdings schon Phönizier, Karthager und Römer mit geruderten Galeeren den Archipel besucht. Purpurarien nannten sie die Kanareninseln Lanzarote und Fuerteventura. Die antiken Seefahrer nahmen die gefährliche Reise auf sich, um Lackmusflechten von den Brandungsklippen der Inseln zu sammeln. Zerrieben und mit Urin vergoren, lieferten sie den begehrten violetten Naturfarbstoff Orseille.

Ab dem 14. Jh. kreuzten Handelsschiffe aus Barcelona und Genua in den Gewässern des Archipels, um das »Drachenblut« zu gewinnen, das Harz des Drachenbaums, das einen kostbaren roten Farbstoff für die Gewänder von Königen und Bischöfen ergab. Diese Expeditionen kulminierten in der Eroberung der

◄ Ritter-Festung und moderner Umschlagplatz: Vallettas Hafen (▶ S. 97).

Kanaren, wobei das Hauptinteresse zunächst den Purpurarien galt. Jean de Béthencourt, Feudalherr eines Färberorts in der Normandie, besetzte sie zwischen 1402 und 1405. An ihn erinnert noch der Name von Fuerteventuras alter Hauptstadt, Betancuria. Er hatte sich der Unterstützung des Königs von Kastilien versichert. So kamen die Inseln schon bald zu Spanien.

Von Teneriffa wurde das Drachenblut bis Ende des 19. Jh. ausgeführt. Erst die Entwicklung künstlicher Farbstoffe setzte dieser Einnahmequelle ein Ende. Auf Lanzarote ist die Zucht der ursprünglich aus Mexiko stammenden Koschenillelaus geblieben, aus der das gleichnamige Rot für Bio-Lebensmittel und Naturkosmetika gewonnen wird. Und auf La Palma färben die letzten Seidenweberinnen Europas ihre Erzeugnisse wie einst mit eigenhändig extrahierten Naturfarben.

Spinne im Netz

Schon kurz nach der Conquista entwickelten sich die Kanaren zur Drehscheibe im Atlantik. Zunächst einmal nutzte Christoph Kolumbus die Inseln als Sprungbrett auf dem Weg nach Amerika. Auf Gran Canaria ließ er sein Beiboot »Pinta« reparieren, auf La Gomera soll ihn eine Liebschaft mit der Inselherrin verbunden haben. Hier wie dort werden heute Häuser, in denen er gewohnt, und Kirchen, in denen er gebetet haben soll, gezeigt. Schon bald monopolisierte die spanische Krone den Amerikahandel. Regelmäßig startete eine königliche Flotte in Se-

villa, die dann allerdings die Kanaren anlief, um dort Lebensmittel und Sklaven an Bord zu nehmen. Santa Cruz, die Hauptstadt von La Palma, avancierte dadurch zu einer der wichtigsten Handelsmetropolen des spanischen Weltreichs. Santa Cruz de Tenerife lief ihr später den Rang ab, und in noch jüngerer Zeit entwickelte sich Las Palmas de Gran Canaria zur bedeutendsten Hafenstadt des Archipels.

Ankunft ohne Schiff

Ein Rätsel bleibt ungelöst. Niemand weiß, wie die steinzeitliche Bevölkerung die Kanaren erreichte. Boote hatten sie jedenfalls zur Zeit der Conquista keine, jede Insel war eine isolierte Welt für sich. Eine Theorie besagt, die Römer hätten Berber aus Nordafrika auf den Archipel verschifft, um die Lackmusflechte zu ernten. Thor Heyerdahl (1914–2002) war anderer Meinung. Mit seinen Papyrusbooten »Ra« und »Ra II« wies er nach, dass man mit der Meeresströmung auf einem kaum seetauglichen Wasserfahrzeug nach altägyptischem Vorbild automatisch – und vielleicht zufällig – von Marokko auf die Kanaren gelangen konnte. Eine Replik der »Ra II« ist im von Heyerdahl gegründeten Pyramidenpark von Güímar (Teneriffa) zu bewundern.

INFORMATIONEN
Parque Etnográfico Pirámides de Güímar
Güímar, C. Chacona • www.piramides deguimar.es • tgl. 9.30–18 Uhr • Eintritt 11 €, mit Zusatzausstellungen 18 €
27 km südwestl. von Santa Cruz de Tenerife

Gran Canaria

Der besondere Reiz der Insel liegt in ihrer Vielfalt, und gern wird das Eiland als »Miniaturkontinent« bezeichnet. Fast schon ein Klischee, ist der Vergleich dennoch stimmig.

◄ Wunder der Natur: Dunas de Maspalomas (▶ MERIAN TopTen, S. 49).

Auf Gran Canaria lassen sich die unterschiedlichsten Landschaften, Klimazonen und Lebensweisen entdecken. Während schroffe Felsküsten und urwüchsige Fischerdörfer den Nordwesten charakterisieren, erstrecken sich im Südosten hellsandige Strände, die Anlass zum Bau gigantischer Urlaubssiedlungen gaben. Mit dem Trubel an der Südküste der Insel kontrastieren im Inselinneren wildromantische Canyons, bizarre Felsformationen und geschichtsträchtige Orte.

Las Palmas de Gran Canaria   ▶ S. 143, E 1

382 000 Einwohner

Stadtplan ▶ S. 45

Obwohl die Regierungsbehörden teilweise auch in Santa Cruz de Tenerife angesiedelt sind, ist Las Palmas doch die heimliche Hauptstadt der Kanaren. Ihr Hafen gilt als größter ganz Spaniens. Er fungiert als Containerumschlagplatz für Nord- und Westafrika. Schiffe auf Transatlantikrouten versorgen sich hier mit günstigem Treibstoff, denn die Inseln sind Freihandelszone. Las Palmas bietet hervorragende Einkaufsmöglichkeiten, interessante Museen, eine lebendige Kunst- und Kulturszene und avantgardistische Architektur. Die museale Altstadt **Vegueta** ist Welterbe der UNESCO, das Bürgerviertel **Triana** punktet mit schicken Plätzen und Einkaufsstraßen. Am buntesten zeigt sich die Hafen- und Strandzone **Santa Catalina**, mit Hotels, Kneipen, Souvenirläden und dem weitläufigen Parque de Santa Catalina, wo die Stadtbewohner flanieren und Fischer sich die Zeit an Land mit Domino vertreiben. Der spektakuläre Büroturm **Torre Woermann**, 2005 errichtet, beherrscht unübersehbar die Skyline von Santa Catalina.

HAFEN

Kreuzfahrtschiffe legen bevorzugt am Muelle Santa Catalina an, unmittelbar vor dem gleichnamigen Stadtviertel. Die Halbinsel La Isleta schirmt diesen Hafenteil perfekt gegen Nordwinde ab. Wer die 3 bzw. 4 km entfernten Stadtviertel Triana oder Vegueta besichtigen möchte, setzt sich in einen der gelben Stadtbusse (Linie 1 bis zur Endstation Teatro Pérez Galdós, Einzelfahrt 1,40 €). Ist viel Betrieb im Hafen, werden weitere 1 bis 2 km entfernte Molen als Passagierkais genutzt. www.palmasport.es

SEHENSWERTES

Casa de Colón   ▶ S. 45, b 4

Christoph Kolumbus soll in diesem Haus gewohnt haben, als er sich 1492 in Las Palmas aufhielt. Daran erinnert nur noch der gotische Brunnen (15. Jh.) in einem der beiden Patios. Der heutige Bau erhielt erst in den 1950er-Jahren sein Gesicht, als die Fassade um das reich verzierte Steinportal des ehemaligen Gouverneurspalastes ergänzt wurde. Aufwändig aus Holz geschnitzt sind die Balkone, die Innenhofgalerien und die Decken der 15 Säle, in denen eine interessante Ausstellung zur Stadtgeschichte, zu den Fahrten des Kolumbus und zum präkolumbianischen Amerika gezeigt wird.

C. Colón 1 • www.casadecolon.com • Mo–Sa 10–18, So und feiertags 10–15 Uhr • Eintritt frei

Catedral de Santa Ana ▶ S. 45, b 4

Mitten in der Vegueta erhebt sich die Kathedrale. Erst gegen Ende des 19. Jh. entstand die imposante neoklassizistische Fassade. Das gotische Netzgewölbe des Originalbaus (15./16. Jh.) überspannt noch den Innenraum, den ein wunderbares Licht erfüllt. In den Seitenkapellen wurden Bischöfe und historische Persönlichkeiten bestattet. Der einheimische Barockkünstler Luján Pérez malte die 16 Heiligenfiguren in der Kuppel. Vom Südturm bietet sich ein wunderbarer Blick.
Pl. de Santa Ana 13 • www.diocesis decanarias.es • Mo–Fr 10–16.30, Sa 10–13.30 Uhr • Eintritt Kathedrale mit Diözesanmuseum (▶ S. 49) 3 €, Turm 1,50 €

Parque Doramas & Pueblo Canario ▶ S. 45, nördl. c 1

Mitten im Parque Doramas, dem ehemaligen Garten des Nobelhotels Santa Catalina, wurde unter Federführung von Néstor de la Torre (1887–1938) in den 1930er-Jahren das idealisierte Abbild eines kanarischen Dorfes errichtet. Der Jugendstilkünstler engagierte sich für den Erhalt der Inselkultur und ihre touristische Einbindung. So »erfand« er Trachten, prächtiger und bunter als die traditionellen Vorbilder. Sie sind im Museo Néstor zu sehen, außerdem Gemälde und Architekturentwürfe des Künstlers. Außerdem gibt es Souvenirläden und ein Café. Jeden Sonntag um 11 Uhr musiziert und tanzt eine Folkloregruppe im Innenhof des Pueblo Canario.
Museo Néstor: www.laspalmasgc.es/mnestor • Di–Sa 10–19, So und feiertags 10.30–14.30 Uhr • Eintritt 2 €, Kinder frei

MUSEEN

Centro Atlántico de Arte Moderno (CAAM) ▶ S. 45, b/c 4

In einem ehemals herrschaftlichen Altstadthaus untergebracht und innen hochmodern gestylt, dokumentiert das Zentrum die Stellung der aktuellen kanarischen Kunst zwischen drei Kontinenten: Europa, Afrika und Amerika. Neben einer ständigen Ausstellung sind Wechselausstellungen zu sehen.
C. Los Balcones 11 • www.caam.net • Di–Sa 10–21, So 10–14 Uhr • Eintritt frei

Museo Canario ▶ S. 45, b 4

Das Museum befasst sich mit der vorspanischen Kultur der Kanaren, fußend auf einer Privatsammlung, die ein einheimischer Arzt um das Jahr 1900 zusammentrug. Spektakulärste Exponate sind Mumien mit Grabbeigaben, altkanarische Schädel mit Operationsspuren, Fruchtbarkeitsstatuetten (Idole) und eine Nachbildung der Cueva Pintada, eines vorspanischen Höhlenkomplexes bei Gáldar mit Höhlenmalereien.
C. Dr. Verneau 2 • www.elmuseo canario.com • Mo–Fr 10–20, Sa, So und feiertags 10–14 Uhr • Eintritt 4 €, Kinder frei

Museo Diocesano de Arte Sacro ▶ S. 45, b 4

Das Diözesanmuseum zeigt Beispiele kanarischer Kirchenkunst, allen voran im Kapitelsaal einen Christus am Kreuz des Künstlers Luján Pérez. Das wertvolle Bodenmosaik des Saals entstand 1785 in einer Keramikmanufaktur bei Valencia. An die Museumsbesichtigung schließt sich der Besuch der Kathedrale mit dem andalusisch ins-

Altstadt Las Palmas
Triana/Vegueta

pirierten »Orangenhof«, dem **Patio de los Naranjos** (17. Jh.), an.
C. Espiritu Santo 20 • www.diocesis decanarias.es • Mo–Fr 10–16.30, Sa 10–13.30 Uhr • Eintritt 3 €

Museo Elder ▶ S. 45, nördl. b 1
Eine ehemalige Lagerhalle beherbergt das supermoderne Technologiemuseum. Wissen wird hier überaus spannend und interaktiv vermittelt. Besucher können in einer »Zeitmaschine« oder einem Flugzeugcockpit Platz nehmen und auf einem Megabildschirm das menschliche Innenleben betrachten. Zwei Roboter führen ihr Können vor, im Planetarium lernt man den Weltraum kennen.
Parque de Santa Catalina • www. museoelder.org • Di–So 10–20 Uhr • Eintritt 6 €, Kinder 3 €

STRAND
Playa de Las Canteras 👫

▶ S. 45, nördl. b 1

Der 3 km lange, weiße, feinsandige Stadtstrand war in den 1960er- und 1970er-Jahren bevorzugtes Ziel des internationalen Badetourismus. Seither haben ihm die sonnensicheren Strände des Inselsüdens den Rang abgelaufen. Heute suchen vor allem einheimische Familien die Playa de Las Canteras auf. Ein natürliches Felsriff hält die Brandung fern, man fühlt sich wie in einem riesigen Schwimmteich. Vom Hafen (Muelle Santa Catalina) ist die Playa zu Fuß bequem in zehn Minuten zu erreichen. An den Strand grenzt eine gepflegte, autofreie Promenade, an der sich Gastronomiebetriebe aller Kategorien, Geschäfte mit Strandartikeln und Sommermode reihen. Am Westrand der Playa de Las Canteras steht mit dem **Auditorio Alfredo Kraus** das wohl spektakulärste Beispiel moderner Architektur in Las Palmas, ein Werk des katalanischen Architekten Óscar Tusquets. Wie eine Festung, von einem »Leuchtturm« gekrönt, thront die Konzerthalle auf einem Felsen am Meer.

SPAZIERGANG
Stadtplan ▶ S. 45

Ausgangspunkt des Spaziergangs ist die Bushaltestelle vor der herrlichen Jugendstilfassade des **Teatro Pérez Galdós**. Gleich gegenüber, jenseits der Schnellstraße Carretera del Centro, lohnt ein Blick in den **Mercado de Vegueta**, die älteste Markthalle von Las Palmas (Mo–Do 6.30–14, Fr und Sa 6.30–15 Uhr). Der Markt geht auf das Jahr 1787 zurück. Zahlreiche Stände verkaufen Obst,

Eine spannende Reise in die Vergangenheit bietet das Museo Canario (▶ S. 44), das sich mit der vorspanischen Kultur des kanarischen Archipels befasst.

Gemüse, Fleisch und Fisch. Wer mag, kann sich in einer der Bars einen Kaffee oder ein paar Tapas gönnen. Gehen Sie nun rechts neben der Markthalle durch die Calle Mendizábel in das Altstadtviertel **Vegueta** hinein und biegen Sie rechts in die Calle Montesdeoca ein. Sie passieren die **Ermita de San António Abad**, eine Kapelle aus dem 15. Jh., in der Kolumbus gebetet haben soll, und erreichen die **Casa de Colón**. Diese steht unmittelbar hinter der **Catedral de Santa Ana**. Gehen Sie um diese herum zur **Plaza de Santa Ana**. An dem von Palmen gesäumten, stillen Platz stehen Adelspaläste aus vergangenen Jahrhunderten sowie rechter Hand der Renaissance-Bischofspalast und die Casa del Regente, in der einst der Inselstatthalter residierte. Auffälligstes Gebäude ist das ehemalige Rathaus mit seiner neoklassizistischen Fassade (19. Jh.) gegenüber der Kathedrale. Zwei gusseiserne Hunde bewachen die Plaza, Symbol für ihre großen Artgenossen, von denen in antiken römischen Berichten die Rede ist. Angeblich verdanken die Kanaren ihnen den Namen (lat. canis = Hund), weshalb sie auch das Inselwappen zieren. Folgen Sie nun der Calle Obispo Codina nach Norden. Wiederum queren Sie die Schnellstraße, um in die **Triana** zu gelangen, den jüngeren Teil des historischen Stadtkerns. Geradeaus geht es durch die Calle Muro zur mondänen **Plaza Cairasco**, wo es sich anbietet, auf der Caféterrasse des 1911 gegründeten **Hotel Madrid** eine Pause einzulegen. Hier nächtigten schon Stars und Sternchen des Showbusiness ebenso wie Diktator General Franco, bevor er von Marokko aus die Spanischen Bürgerkrieg einleitete. Verlassen Sie den Platz an seiner Nordseite, wo Sie hinter dem **Gabinete Literario**, dem kulturellen Treffpunkt des Bürgertums im 19. Jh., in die Calle Malteses gelangen. Auf dieser halten Sie sich rechts, bis Sie die **Calle Mayor de Triana** erreichen, die vornehmste Einkaufsstraße von Las Palmas. Hinter den hübschen Hausfassaden aus der Zeit der Wende vom 19. zum 20. Jh. verbergen sich feine Läden, wobei Markenstores ebenso vertreten sind wie familiengeführte Traditionsgeschäfte oder die Bazare der zahlreichen Inder, die sich in Las Palmas niedergelassen haben. Nachdem Sie die Fußgängerzone in ihrer gesamten Länge erkundet haben, gelangen Sie zum **Parque de San Telmo** mit der gleichnamigen Kapelle der Fischer, die früher in dieser Zone ihren Hafen hatten. Mittelpunkt des Parks ist der **Kiosko Modernista**, ein wunderschöner, orientalisch dekorierter Jugendstilpavillon, der als Café fungiert. Hier beenden Sie den Spaziergang und finden gleich nebenan, am Busbahnhof, eine Stadtbushaltestelle.
Dauer: 2 Std.

ESSEN UND TRINKEN

Casa Montesdeoca ▶ S. 45, c 4
Wunderschönes Altstadtlokal • Ein ehemaliges Handelshaus aus dem 16. Jh. beherbergt dieses hübsche Lokal, in dem die Gäste auch im lauschigen Innenhof Platz nehmen können. Die drei Speisesäle des Restaurants sind stilecht eingerichtet. Die Küche ist klassisch spanisch.
C. Montesdeoca 10 • Tel. 9 28 33 34 66 • www.casamontesdeoca. com • Mo–Sa 12.30–16 und 20–24 Uhr • €€€

⭐ MERIAN Tipp

CHACALOTE   ▸ S. 45, südl. c 4

In das urige Fischerdorf San Cristóbal fahren die Canarios gerne, um fern vom Trubel der Hauptstadt Ruhe und Ursprünglichkeit zu finden und vor allem den frischen Fang aus heimischen Gewässern zu genießen. Unbestrittener Klassiker unter den dortigen Restaurants ist das schon vor über 30 Jahren gegründete Chacalote, das sich auf Fisch im Salzteig, im Ofen gegart, spezialisiert hat. Stets wird zudem eine saisonale Auswahl an Meeresfrüchten angeboten, und auch die Reisgerichte sind nicht zu verachten. Zum Abschluss schmeckt eines der üppigen Desserts. Gediegener Rahmen und sehr gute Weinauswahl.

San Cristóbal, C. Proa 3 • Tel. 9 28 31 21 40 • www.restaurantechacalote.net • tgl. 12–17 und 20–24 Uhr • €€€

La Casa de El Hierro   ▸ S. 45, nördl. a 1

Familiär • Inmitten der Gartenstadt von Las Palmas hat seit drei Jahrzehnten das Kulturhaus der Insel El Hierro seinen Sitz. Kenner schätzen die authentische Atmosphäre, die unverfälschte Küche, das schlichte Ambiente und das gute Preis-Leistungs-Verhältnis des angeschlossenen Restaurants.

C. Pio XII 30 • Tel. 6 64 26 74 35 • Mo 17–22, Di–Do 17–23, Fr, Sa 12–2, So 12–22 Uhr • €

🌿 Dara   ▸ S. 45, a 2

Gesundes Essen • Das liebevoll im Stil eines Tante-Emma-Ladens eingerichtete Lokal serviert Gerichte aus frischen, regionalen Zutaten, oft auch aus Bio-Anbau. Wochentags gibt es ein günstiges Mittagsmenü, am Samstag Brunch.

C. Travieso 29 • Tel. 9 28 58 56 58 • Mo, Di 9.30–17.30, Mi 9.30–19, Do, Fr 9.30–23, Sa 12–15 Uhr • €

EINKAUFEN

El Corte Inglés   ▸ S. 45, nördl. b 1

Kaufhaus der bekannten spanischen Kette. Spitzenadresse für Mode, Schuhe, Schmuck und Parfümerieartikel. Mit Feinkostabteilung.

Av. José Mesa y López 18 • www. elcorteingles.es • Mo–Sa 9.30–21.30 Uhr

🌿 Herbolario Caprichos de Aloe
▸ S. 45, nördl. b 1

Die Angebotspalette der Drogerie umfasst handgefertigte Seifen, Duftkerzen, Lavendelsäckchen, Naturkosmetika und Produkte aus Aloe vera von Gran Canaria und Lanzarote. Alles ohne chemische Zusätze.

C. Tomás Miller 10 • Mo–Fr 10–13 und 16.30–20 Uhr

Tienda de Artesanía Tradicional
▸ S. 45, a 1

Verkaufsstelle der Fedac, einer Stiftung zur Förderung des Kunsthandwerks. Alle Artikel wurden garantiert auf Gran Canaria gefertigt. Das Angebot besteht aus Korbwaren, Keramik und Stickereiwaren sowie den »cuchillos«, typisch kanarischen Messern mit schönen Verzierungen.

C. Domingo J. Navarro 7 • www. fedac.org • tgl. 10–21 Uhr

SERVICE
AUSKUNFT
Casa del Turismo   ▸ S. 45, nördl. c 1

Parque de Santa Catalina • Tel. 9 28 44 68 24 • www.lpavisit.com • Mo–Fr 9–18, Sa, So 10–14 Uhr

Ausflüge

◎ Caldera de Bandama

▶ S. 143, E 2

Zwischen Weinbergen liegt der Bilderbuchkrater, dessen über 200 m tiefer Grund nur zu Fuß zu erreichen ist. Früher gab es unten mehrere Bauernhöfe, heute wird nur noch ein Garten bewirtschaftet. Die meisten Besucher begnügen sich mit der Fahrt zur Aussichtsplattform am Pico de Bandama (569 m), einem Gipfel auf dem Kraterrand mit herrlichem Blick über den 1 km breiten Kessel der Caldera hinweg über weite Teile des Inselnordens.

15 km südwestl. von Las Palmas de Gran Canaria

◎ Destilerías Arehucas

▶ S. 143, D 1

Um die Stadt Arucas dehnten sich früher Zuckerrohrfelder aus. Heute sind Bananen profitabler, daher verarbeitet die 1884 gegründete Rumfabrik inzwischen großteils importiertes Zuckerrohr. Der Rum reift in ehrwürdigen Eichenfässern. Nach einer Führung durch Fabrik und Museum wird zur Probe geladen. Arehucas ist spanischer Hoflieferant und kanarischer Marktführer für Rum. Außer verschiedenen Qualitäten von weißem und braunem Rum sind im Shop rund 20 Likörsorten (Banane, Minze, Schokolade u. a.) aus eigener Produktion im Angebot. Arucas, Era de San Pedro 2 • www.arehucas.es • Mo–Fr 9–14, Juli–Sept. bis 13 Uhr • Eintritt frei

16 km westl. von Las Palmas de Gran Canaria

◎ Dunas de Maspalomas ⭐

▶ S. 143, D 4

Goldgelbe Sicheldünen bedecken die Südspitze von Gran Canaria. Der 7 km lange Sandkasten steht unter

Perfekt für das Sonnenbad untertags und den Sundowner am Abend: Die Playa de las Canteras in Las Palmas (▶ S. 46) wird von einer Promenade mit vielen Cafés flankiert.

Naturschutz und lädt zu Spaziergängen ein. Den Meeresaum bildet ein Naturstrand, der seinesgleichen sucht. Trotz der Nähe der Ferienstadt Playa del Inglés gibt es hier reichlich Platz, um einen ungestörten Badetag zu verbringen. In der westlich angrenzenden Palmenoase brüten Seevögel. Dort lebt auch die seltene, bis zu 80 cm lange Gran-Canaria-Rieseneidechse.

50 km südl. von Las Palmas de Gran Canaria

◻ FotoTipp

MUSTER- UND FARBEFFEKTE

Geometrische Schattenmuster werfen die Sicheldünen Dunas de Mapalomas im Süden Gran Canarias am späten Nachmittag, wenn die Sonne sich dem Horizont nähert. Mit einem Polfilter erzielen Sie einen tiefblauen Himmel und orangefarbenen Sand. ► S. 49

◎ Jardín Botánico Viera y Clavijo   ► S. 143, E 2

Dieser renommierte Botanische Garten zeigt die Kanarenflora. In einer schroffen Schlucht oberhalb von Las Palmas wurden sämtliche Inselbiotope nachgestellt: Sukkulenten der trockenen Küstenzonen, etwa Wolfsmilchgewächse oder der Drachenbaum, Lorbeerbäume der mittleren wolkenreichen Höhenstufen oder die Kanarische Kiefer, deren lange Nadeln Wasser aus dem Passatnebel »kämmen«.

Tafira Baja • www.jardincanario.org • tgl. 9–18, April–Sept. bis 19.30 Uhr • Eintritt frei

5 km südwestl. von Las Palmas de Gran Canaria

◎ Las Cumbres   ► S. 142/143, C/D 2

Gran Canarias Bergwelt beeindruckt durch bizarre Felsen. Bei der Auffahrt von Norden passiert man den **Parador Cruz de Tejeda**, ein Hotel der legendären spanischen Hotelkette in spektakulärer Lage am gleichnamigen Wegkreuz. Dort warten Souvenirläden und Lokale auf Kunden. Ein Abstecher führt nach **Artenara**, dem höchstgelegenen Inseldorf, wo manche Bewohner noch in traditionellen Höhlenhäusern leben. Am **Roque Bentaiga** (1404 m), einem mächtigen Basaltfelsen, brachten die Ureinwohner ihrer Gottheit Opfer dar. Wie ein Finger reckt sich der 67 m hohe Vulkanfelsen **Roque Nublo** (1803 m) in die Höhe, das Wahrzeichen Gran Canarias. Vom Parkplatz La Goleta aus kann man ihn erwandern (hin/zurück insges. 1,5 Std.). Zuletzt lohnt je nach Wetterlage der Abstecher auf Gran Canarias höchsten Gipfel, den **Pico de las Nieves** (1949 m). Im Winter kann er sich durchaus einmal schneebedeckt präsentieren. Von einem Aussichtspunkt blickt man weit über den zerfurchten Südwesten der Insel.

Ca. 45 km südwestl. von Las Palmas de Gran Canaria

◎ Puerto de Mogán   ► S. 142, B 4

Im Stil alter Fischerkaten gehalten, gruppieren sich bunt bemalte, von Bougainvillea überrankte Apartmenthäuser, die auf Geheiß der Regierung nicht mehr als zwei Stockwerke hoch sein dürfen, um eine Marina. Kanäle, von schmalen Brücken überspannt, durchziehen die auch als »Klein-Venedig« bekannte Feriensiedlung, eine der schönsten der Kanarischen Inseln. An der Ha-

Teror (▸ S. 51), ein kleines Städtchen im Norden der Insel Gran Canaria, bezaubert die Besucher mit seinen hübschen denkmalgeschützten historischen Häusern.

fenpromenade laden zahlreiche Cafés und Restaurants zur Rast mit Blick auf luxuriöse Segeljachten und traditionelle Fischerboote ein.
80 km südwestl. von Las Palmas de Gran Canaria

◎ Teror   ▸ S. 143, D 2
12 800 Einwohner
Traditionshäuser mit Holzbalkonen säumen die Straßen von Teror, der wohl schönsten Stadt auf Gran Canaria in einem üppigen grünen Tal im Inselnorden. In der **Basílica del Pino** wird die Inselheilige verehrt, die »Kiefernjungfrau«. Kurz nach der Reconquista soll sie Gläubigen in einem Baum erschienen sein, woraufhin eine erste Wallfahrtsstätte entstand. Die heutige Kirche stammt aus dem 18./19. Jh. Bemerkenswert sind einige Heiligenstatuen von Luján Pérez, dem berühmten kanarischen Barockbildhauer, sowie fünf wertvolle Rokoko-Gemälde. Jeden Sonntag findet von 9 bis 15 Uhr vor der Kirche ein Kunsthandwerksmarkt statt.
22 km südwestl. von Las Palmas de Gran Canaria

Fuerteventura

Wüstenhafte Landstriche und Traumstrände sind die Markenzeichen der Afrika nahen Kanareninsel. Lebhaft geht es an
den Küsten zu, verträumt zeigt sich das Inselinnere.

◄ Morro Jable: Vom Fischerdorf zum quirligen Ferienzentrum.

Die Schönheiten von Fuerteventura erschließen sich nicht auf den ersten Blick. Am Horizont ist die Insel erst spät auszumachen, denn weite Teile der Küstenregion sind flach. Nur im Westen und auf der lang gestreckten Halbinsel Jandía zeigt sich »Fuerte«, wie Inselfans das Eiland liebevoll nennen, gebirgig. Ocker- und Brauntöne beherrschen die Landschaft. Weiße Dörfer mit kubischen Häusern und grüne Palmenoasen bringen Abwechslung ins Spiel.

Puerto del Rosario ► S. 145, E 2

36 000 Einwohner
Stadtplan ► S. 55

In Puerto del Rosario hat sich viel getan, um der einstmals gesichtslosen Inselmetropole ein neues Gepräge zu geben. Eine gepflegte Meerespromenade lädt zum Schlendern ein, traditionelle Häuserzeilen wurden restauriert, moderne Kunst und Architektur spielen eine große Rolle, und die Einkaufsmöglichkeiten sind gut. Lange vergessen sind die Jahre, in denen die 1975 von der West-Sahara nach Fuerteventura verlegte Fremdenlegion das Straßenbild beherrschte. 1996 zog die Legion endgültig ab. Puerto del Rosario gehört heute vorwiegend den Einheimischen, denn der Badetourismus findet in anderen Inselorten statt.

HAFEN

Der Hafen liegt unmittelbar vor dem Stadtzentrum. Kreuzfahrtschiffe legen an der langen Außenmole an, etwa zehn Fußgängerminuten von der Plaza de España entfernt, in deren Umgebung man Cafés und landestypische Esslokale findet. Von dort wird in weiteren fünf Minuten die Fußgängerzone Calle Primero de Mayo erreicht.
www.palmasport.es

SEHENSWERTES

Iglesia Nuestra Señora del Rosario ► S. 55, b 1

In der Hauptkirche von Puerto del Rosario wird seit 1806, als die Stadt eine eigene Pfarrei erhielt, die Rosenkranzmadonna verehrt. Um 1930 erhielt die Kirche eine Fassade im Stil des Eklektizismus, einer kanarischen Variante des Jugendstils, die Elemente verschiedenster früherer Architekturrichtungen unbekümmert kombinierte.
Pl. de la Iglesia • tagsüber i. d. R. geöffnet

Parque Escultórico

Skulpturen, zwischen 2001 und 2006 auf einem jährlich im Herbst veranstalteten Bildhauer-Symposium entstanden, verteilen sich über die Stadt. Neben kanarischen sind auch Bildhauer vom spanischen Festland und anderen europäischen Ländern vertreten, so der Rumäne Nicolae Fleissig, der aus Gesteinsblöcken die Basis des Springbrunnens an der Rotonda de la Explanada schuf – dem großen Kreisverkehr am Hafen. Die Bronzekoffer an der Plaza de España will der baskische Künstler Eduardo Úrcolo als Symbol für die Auswanderung nach Übersee, die früher auf Fuerteventura eine große Rolle spielte, verstanden wissen. An der Meerespromenade sind vier riesige Aluminiummuscheln von Félix Juan Bordes Caballero, einem einheimischen Künstler, zu bewundern. Bei Streifzügen landeinwärts lassen sich Dutzende weiterer Beispiele für diese Straßenkunst entdecken.

MUSEEN

Casa Museo Unamuno   ▶ S. 55, b 1

Vier Monate verbrachte der baskische Schriftsteller und Philosoph Miguel de Unamuno 1924 auf Fuerteventura im Exil, verbannt wegen seiner Kritik an der damaligen spanischen Militärregierung. Er logierte im Hotel Fuerteventura, das liebevoll restauriert wurde und heute als Museum mit der damaligen Originaleinrichtung hergerichtet ist. Rasch versammelte Unamuno einen Kreis von Intellektuellen um sich und schrieb für internationale Tageszeitungen. Fotografien und damals entstandene Texte dokumentieren seinen Aufenthalt in Puerto del Rosario. Seine lebensgroße Bronzestatue vor dem Eingang schuf Emiliano Hernández (Lanzarote).

C. Virgen del Rosario 11 • Mo–Fr 9–14 Uhr • Eintritt frei

Centro de Arte Juan Ismael

▶ S. 55, nordöstl. c 1

Einen außergewöhnlichen Akzent setzt das Kunstzentrum mit seiner modernen kubischen Architektur. Einbezogen wurde die Fassade eines Kinos aus den 1960er-Jahren, des damaligen In-Treffs der Stadt. Um einen lichtdurchfluteten Innenhof gruppieren sich Säle mit wechselnden Ausstellungen einheimischer zeitgenössischer Kunst. Auch Bilder von Juan Ismael González (1907–1981) werden immer wieder gezeigt, einem bekannten von Fuerteventura stammenden Surrealisten. Im Museumsshop können sich die Besucher mit Originalkunstwerken, Drucken und Kunsthandwerk eindecken.

C. del Almirante Lallermand 30 • Di–Sa 10–13 und 17–21 Uhr • Eintritt frei

SPAZIERGANG

Stadtplan ▶ S. 55

Der Rundgang beginnt an der **Plaza de España**, wo sich unter schattigen Lorbeerbäumen die Einheimischen im Café treffen. Ein Pavillon verkauft kühle Getränke und Eis. An den kleinen Platz schließt der **Mercado Municipal** an, eine winzige Markthalle, in der ein paar Stände Fisch, Feinkost und Blumen verkaufen. Verlassen Sie die Halle im Obergeschoss. Nach rechts erreichen Sie sogleich die **Calle León y Castillo**, eine Prachtallee, gesäumt von vornehmen Häusern aus dem 19. Jh. Folgen Sie dieser landeinwärts bis zur **Iglesia Nuestra Señora del Rosario.** Auf dem Kirchplatz ist immer etwas los, alle Bewohner der Umgebung finden sich früher oder später hier auf einen Plausch ein. Weiter geht es auf der Calle León y Castillo bis zur **Plaza de la Paz**, einem geräumigen Platz mit Springbrunnen und Gartenanlagen. Hier steigt während der Karnevalstage und bei anderen Festen die Party, finden Flohmärkte und politische Kundgebungen statt. Auch zum Promenieren wird die Plaza gern genutzt, und Kinder fahren hier Skateboard und spielen Fangen oder Ball. Laufen Sie jetzt zur Rosenkranzkirche zurück, wo Sie rechts in die **Calle Primero de Mayo** einbiegen, eine Fußgängerzone mit zahlreichen Geschäften. Links zweigen immer wieder Gassen in den ältesten Teil von Puerto del Rosario ab, wo noch traditionelle Natursteinhäuser stehen. Nach dem einen oder anderen Abstecher dort-

hin gelangen Sie zur Einmündung in die Calle Doctor Fleming. Gehen Sie links und gleich wieder rechts, zur Avenida de los Reyes de España, die meist einfach **Avenida Marítima** genannt wird. Hier liegt die **Playa Chica**, ein kleiner Strand, der durch die Hafenmole vor Wellen gut geschützt ist und daher auch für Familien mit Kindern gut geeignet ist. Folgen Sie nun der Meerespromenade zurück zum Ausgangspunkt. Dauer: 1 Std.

ESSEN UND TRINKEN
El Cangrejo Colorao
▸ S. 55, nordöstl. c 1
Fast noch ein Geheimtipp • Das Lokal des örtlichen Sport- und Kulturvereins serviert spanische Klassiker zu erstaunlich günstigem Preis. Schön sitzt man auch auf der Terrasse am Meer mit wunderbarer Sicht auf den Hafen

C. Juan Ramón Jiménez 1 • Tel. 9 28 85 84 77 • Di–Sa 13–16.30 und 20–24, So 13–16.30 Uhr • €€

La Terraza de Playa Chica ▸ S. 55, b 3
Bestechende Lage • Das elegante Restaurant, in dem alles frisch zubereitet wird, besticht mit seinem wunderbaren Blick von der Terrasse über die Playa Chica. Auf den Tisch kommt kreative mediterrane Küche, bemerkenswert ist auch die exquisite Weinauswahl.

Carretera Los Pozos 8 • Tel. 9 28 85 69 65 • www.terrazaplayachica.com • So–Do 11–24, Fr, Sa 11–1 Uhr • €€

SERVICE
AUSKUNFT

OIT Puerto del Rosario   ▶ S. 55, c 1
Av. de los Reyes de España s/n •
Tel. 9 28 85 01 10 • www.turismo-
puertodelrosario.org • Mo–Fr 9–19,
Sa 10–13 Uhr

③ ⭐ MERIAN Tipp

LAS ROTONDAS    ▶ S. 55, a 2

Im Centro Comercial Las Rotondas
warten auf vier Etagen über 100 Geschäfte und etliche Fast-Food-Lokale
auf Kunden. Während sich vergleich-
bare Einkaufszentren auf anderen
Inseln außerhalb der Städte befinden und somit nur umständlich zu
erreichen sind, liegt das Las Rotondas in Puerto del Rosario ganz zentral. Wer Kleidung, Schmuck oder
Parfümerieartikel erstehen möchte,
ist hier goldrichtig. Dank der Zollfrei-
heit der Kanarischen Inseln kann man
mit günstigen Preisen rechnen. Besondere Aufmerksamkeit verdienen
die Stores der spanischen Modeket-
ten, etwa Zara oder Cortefiel.
Puerto del Rosario, C. Francisco Pi y Arsuaga 2 •
www.lasrotondascentrocomercial.com •
Mo–Sa 10–22 Uhr

Ausflüge
◎ **Betancuria** ⭐   ▶ S. 145, D 2
200 Einwohner
Bis 1835 war Betancuria, über eine
kurvenreiche Bergstraße mit herrlichen Ausblicken erreichbar, die
Hauptstadt von Fuerteventura, heute
kaum vorstellbar angesichts der geringen Größe des Ortes. Im Zentrum
erinnern einige noble Bauten an die
Zeiten, als hier die Feudalherren der
Insel residierten. Auch die pittoreske
Lage in einem Palmental zwischen
kargen Bergen beeindruckt.
28 km südwestl. von Puerto
del Rosario

SEHENSWERTES
Casa Santa María
In dem ehemaligen Adelspalast mit
idyllischem Garten demonstrieren
heute Stickerinnen und Weber die
alten Handwerkskünste. Fotografien
und Gerätschaften aus vergangenen
Zeiten hängen an den Wänden. Eine
Audiovisionsschau, zusammenge-
stellt von den deutschen Fotografen
Rainer Loos und Luis J. Soltmann,
befasst sich mit dem heutigen Leben
auf Fuerteventura. Im Eintrittspreis
enthalten ist eine Wein- und Käseprobe in der hauseigenen Bodega.
Pl. Santa Mería 1 • www.casasanta
maria.net • Mo–Sa 10–15.30 Uhr •
Eintritt 5 €, Kinder 2,50 €

Iglesia de la Concepción
Die Marienkirche hatte im 15. Jh.
sechs Jahre lang sogar den Status
einer Kathedrale. Ihr Portal ist im
für die Kanaren ungewöhnlichen Stil
der Spätrenaissance gehalten. Eine
wertvolle holzgeschnitzte Decke aus
dem Jahr 1645 überspannt das Innere. Üppig bemalt präsentiert sich
der barocke Hauptaltar.
Pl. Iglesia • Mo–Fr 10.45–16.20, Sa
11–15.20 Uhr • Eintritt 1,50 €

Mirador de Morro Velosa
Blanca Cabrera Morales, die Nichte
von César Manrique, schuf den
spektakulären Aussichtspunkt am
Gipfel des Tegú. Man glaubt zunächst, einen kanarischen Gutshof
zu betreten. Innen geben riesige
Panoramascheiben den Blick auf
den Norden Fuerteventuras frei.

Fuertes schönster Aussichtspunkt: Vom Mirador de Morro Velosa (▶ S. 56) reicht der Blick bis zur Nachbarinsel Lanzarote.

Auf Texttafeln werden Informationen über die umliegenden Landschaften – leider nur in spanischer Sprache – präsentiert.
3 km nördl. von Betancuria • Di–Sa 10–18 Uhr • Eintritt frei

MUSEEN

Museo Arqueológico y Etnográfico de Fuerteventura

Auf den Spuren der Vergangenheit wandelt man in Betancurias archäologischem Museum. Exponate der indigenen Bevölkerung wie Fruchtbarkeitsstatuetten gehören ebenso zum Museumsbestand wie Trachten und Hausrat aus historischer Zeit. In dem kleinen Landhaus reichte der Platz nicht mehr, demnächst eröffnet ein moderner Anbau.
C. Roberto Roldán • www.artesaniay museosdefuerteventura.org • Di–Sa 10–18 Uhr, derzeit wegen Renovierung geschl.

ESSEN UND TRINKEN

Bodegón Don Carmelo

Wunderbare Tapas • In einem 400 Jahre alten Stadthaus serviert ein kanarisch-schweizerisches Paar kleine Gerichte und Kuchen. Am schönsten sitzt man an den Tischen vor der Tür und genießt die Ruhe und Beschaulichkeit Betancurias, während man köstliche Tapas bei einem Glas Wein genießt.
C. Alcalde Carmelo Silvera 4 • Tel. 9 28 87 83 91 • Sa–Do 10–18 Uhr • €€

EINKAUFEN

Finca Pepe 👫

Käse der Marke El Convento produziert die Ziegenfarm oberhalb des ehemaligen Franziskanerkonvents. Nach einem Rundgang durch die Stallanlagen und die Käserei wird zur Käseprobe geladen.
Granja Las Alcaravaneras • www.fincapepe.com • tgl. 8–20 Uhr

Tienda de Artesanía de Morro Velosa

Der Kunsthandwerksladen der Inselregierung ist im gleichnamigen Aussichtspunkt untergebracht. Hier gibt es die für Fuerteventura typische Stickerei, Keramik und Flechtarbeiten. Alle angebotenen Artikel tragen ein Gütesiegel.

Mirador de Morro Velosa • Di–Sa 10–18 Uhr

◎ Corralejo   ▶ S. 145, E 1

15 000 Einwohner

Der Ferienort an der Nordküste der Insel, ehemals ein beschauliches Fischerdorf, hat sich innerhalb weniger Jahrzehnte in einen quirligen Badeort verwandelt – mit doppelt so vielen Gästebetten wie Einwohnern. An das kleine Fischerdorf, aus dem er hervorging, erinnert noch das Hafenviertel. Hier starten heute Glasbodenboote zu 45-minütigen Ausflügen über die für ihre reiche Unterwasserfauna bekannte Meerenge El Río. Corralejos große Attraktion ist die 8 km lange, weißsandige Strandzone außerhalb des Orts. Von Bebauung blieb sie weitgehend frei, und das wird auch in Zukunft so bleiben, denn sie steht mitsamt der ausgedehnten landwärtigen Dünenzone **El Jable** unter Naturschutz. Die breitesten Strände des Gebiets, die 4 km südlich von Corralejo gelegenen **Grandes Playas** bei den beiden einzigen Hotels weit und breit, setzen sich aus fünf sandigen Abschnitten zusammen, durch flache, dunkle Lavazungen unterbrochen. Den hier konstant wehenden Passatwind nutzen Windsurfer und Drachenlenker.

Bootsausflüge: www.excursiones maritimaslobos.com

29 km nördl. von Puerto del Rosario

Der Dünenstrand von Corralejo (▶ S. 58) gehört zu den schönsten Stränden auf Fuerteventura – eine Traumkulisse für Erfrischung im Meer und lange Spaziergänge.

ESSEN UND TRINKEN
Bar La Lonja
Frisch vom Kutter • Das Restaurant der Fischereigenossenschaft von Corralejo serviert den Tagesfang und bietet ein hervorragendes Preis-Leistungs-Verhältnis.
Paseo Marítimo • Tel. 6 30 86 39 51 • tgl. 7–20 Uhr • €

EINKAUFEN
Clean Ocean Project
Die auf Fuerteventura ansässige Initiative organisiert regelmäßig Strandsäuberungs-Kampagnen. Im Shop gibt es Dekorationsgegenstände aus Strandgut sowie T-Shirts und Taschen aus Naturmaterialien mit dem Logo der Organisation.
C. General García Escámez 32 • www.cleanoceanproject.org

◎ El Cotillo   ▶ S. 145, D 1
1100 Einwohner
Der urige Fischerort ist am zünftigsten auf holprigen Pisten von Majanicho entlang der wilden Nordwestküste zu erreichen. Am Weg liegen brandungsumtoste Wellensurferstrände und die Caletillas, dunkle Lavazungenbuchten, in denen die Einheimischen Muscheln und Meeresschnecken sammeln. Geländegängige Fahrzeuge sind über Autovermieter kurzfristig meist nicht zu bekommen. Örtliche Unternehmen bieten jedoch für Kreuzfahrtpassagiere Jeepsafaris in diese abgelegene Gegend an. El Cotillo selbst besitzt mit der Playa del Castillo einen goldgelben, zum Baden aber wegen der hohen Wellen kaum geeigneten Strand. Dort erhebt sich der Festungsturm Torre de El Tostón von 1740, der Schutz vor Piraten bot. Beeindruckend der Blick von seiner oberen Plattform. Eine Reihe von Fischerkaten bildet den alten Ortskern um die Naturhafenbucht Puerto Antiguo, an der Fischer ihre Netze flicken und ein paar Einheimische gemächlich den Tag verstreichen lassen.
Torre de El Tostón: Juli–Sept. Mo–Fr 9–15, Sa, So 9–14, Okt.–Juni Mo–Fr 9–16, Sa, So 9–15 Uhr • Eintritt 1,50 € 37 km nordwestl. von Puerto del Rosario

◻ FotoTipp

FARO DE EL TOSTÓN
Viel fotografiert ist der rot-weiß geringelte Leuchtturm mit Wärterhaus und kleinem alten Turm daneben. Um das Motiv besonders spannend zu gestalten, nehmen Sie es doch mit Weitwinkel schräg von unten ins Visier und achten Sie auf die Wolkenformationen!   ▶ S. 59

MUSEEN
Museo de la Pesca Tradicional
Im alten Wärterhaus des **Faro de El Tostón,** des Leuchtturms an der Nordwestspitze Fuerteventuras, befasst sich das Museum mit traditionellen Fischfangmethoden, die teils heute noch zum Einsatz kommen und in denen Sitten und Bräuche der Einwohner Fuerteventuras weiterleben. Besonders interessant ist auch ein 800 m langer Lehrpfad, der über Fossilien, Küstenflora und Strandgut informiert. Zum Museum gehören außerdem ein Shop und eine Cafeteria.
Faro de El Tostón (3 km nördl. von El Cotillo) • Di–Sa 10–18 Uhr • Eintritt 3 €

Lanzarote

Vulkanausbrüche formten weite Teile der Insel. Sie hinterließen schwarze Lavaströme und rötlich schimmernde Krater
als spektakulären Kontrast zu üppig grünenden Palmentälern.

◄ Natur als Gesamtkunstwerk: im Weinbaugebiet La Geria (▶ S. 67)

Die Landwirte trotzen dem Boden hier und da Wein und Gemüse ab, ansonsten erinnert die Landschaft vielfach an eine Wüste. Goldgelbe Sandstrände locken Badeurlauber in großer Zahl an. Aber auch jenseits der Playas hat Lanzarote viel zu bieten. Auf Schritt und Tritt begegnet man dem Vermächtnis des charismatischen Inselkünstlers César Manrique (1918–1993). Er sorgte für die Erhaltung der traditionellen Bausubstanz in den gepflegten weißen Dörfern und schuf legendäre Großkunstwerke, bei denen er Architektur und Natur eine unvergleichliche Verbindung eingehen ließ.

Arrecife　　▶ S. 147, E 2
57 000 Einwohner
Stadtplan ▶ S. 63
Zwar kann Arrecife, was Lage und Schönheit betrifft, nicht mit den anderen Inselmetropolen mithalten, und die großen Sehenswürdigkeiten Lanzarotes liegen außerhalb, doch die Stadt versteht es, sich mit guten Einkaufsmöglichkeiten und einer lebendigen Kunst- und Kulturszene zu positionieren. Gepflegte Promenaden, Parks und Fußgängerzonen laden zum Bummeln ein, die Altstadt und das malerische Fischerviertel wurden sorgfältig restauriert. Arrecife wirkt vergleichsweise »spanisch«, vielleicht wegen des trockenheißen Klimas und der kargen Umgebung. Eine mehrstündige Siesta am Nachmittag gehört hier nach wie vor zum Tagesablauf. Straßen und Geschäfte beleben sich in den Vormittagsstunden und dann wieder am frühen Abend.

HAFEN
Im Herbst 2011 wurde der neue, vom Zentrum nur 600 m entfernte Passagierkai Muelle de Cruceros in Betrieb genommen.
www.palmasport.es

SEHENSWERTES
Casa de la Cultura Agustín de la Hoz　　▶ S. 63, b 2
Den prunkvollen Palast an der Meeresfront bewohnte im 19. Jh. die Familie eines hohen Offiziers. Damals fertigte Meister Saavedra, ein renommierter Zimmermann aus Arrecife, die elegante Treppe des überdachten Patios an. Im 20. Jh. diente das Gebäude vorübergehend als Casino. Dessen Bar schmückte César Manrique 1947 mit Wandgemälden, die erst vor wenigen Jahren wiederentdeckt wurden. Der heutige Name des Hauses erinnert an den einheimischen Publizisten und Historiker Agustín de la Hoz Betancort (1926–1988). Die Casa wurde renoviert, ist jetzt Sitz des städtischen Kulturdezernats und im Rahmen von Ausstellungen öffentlich zugänglich.
Av. de la Marina 7• Mo–Fr 8–20 Uhr

Casa de Los Arroyo　　▶ S. 63, c 2
Das zweistöckige traditionelle Stadthaus mit rotem Ziegeldach, holzgeschnitzten Fensterrahmen und wunderschönem Innenhof steht unter Denkmalschutz. Es handelt sich um eines der ältesten noch vorhandenen Gebäude in Arrecife. Vermutlich diente es im 17. Jh. als Zollstation. Ein Jahrhundert später baute es der Reeder und Militärgouverneur Domingo de Armas y Bethencourt zu seinem Wohnhaus um, durch Erbschaft gelangte es an

die Familie Arroyo. Heute befinden sich hier Büros der Inselregierung und ein Raum für Wechselausstellungen. Im Erdgeschoss hat außerdem eine Gesellschaft zur Erforschung der Wale und Delfine der Kanaren ihren Sitz.

Av. Coll 3 • Mo–Fr 8–15 Uhr • Eintritt frei

Castillo de San Gabriel   ▸ S. 63, c 3

Auf einem Felsriff vor der Stadt erhebt sich die trutzige Festung. Ihr Bau wurde 1572 notwendig, nachdem sich die Piratenüberfälle auf den Hafen gehäuft hatten. Die erste Burg wurde schon 1586 durch den berüchtigten Freibeuter Morato Arráez zerstört. König Philipp II. schickte daraufhin den italienischen Militärarchitekten Torriani, unter dem die Festung in ihrer heutigen Form entstand. Sie beherbergt das **Museo de Historia de Arrecife** mit einer Ausstellung zur Stadtgeschichte. Von der Dachterrasse bietet sich ein großartiger Blick auf die Uferfront.

Di–Fr 10–17, Sa 10–14 Uhr • Eintritt frei

Iglesia de San Ginés   ▸ S. 63, c 2

Erst gegen Ende des 18. Jh. entwickelte sich Arrecife zur Stadt, eine Pfarrei wurde gegründet. Zuvor hatte es wegen der Piratengefahr nur unbewohnte Hafenanlagen gegeben. Die Kirche geht auf das Jahr 1798 zurück und ist dem hl. Genesius von Arles geweiht. Französische Einwanderer brachten seinen Kult nach Lanzarote. Im dreischiffigen Inneren wird eine spätbarocke, in Kuba gefertigte Statue des Heiligen verehrt.

Pl. de Las Palmas • tgl. 9–13 und 17–20 Uhr

MUSEEN
Museo Internacional de Arte Contemporáneo (MIAC)

▸ S. 63, nordöstl. d 1

Im Nordwesten der Stadt erhebt sich die halbkreisförmige, mit dicken Mauern bewehrte Festung **Castillo de San José**, die Ende des 18. Jh. zum Schutz vor Piraten errichtet wurde und einst die Hafeneinfahrt sicherte. Im ehemaligen Munitionslager der Festung ist seit 1976 ein Museum für zeitgenössische Kunst untergebracht. Die beachtliche Sammlung zeigt Werke aus dem dritten Viertel des 20. Jh. von Künstlern wie Tàpies, Mompó oder Gordillo. Natürlich ist auch César Manrique vertreten, der übrigens die halb verfallene Burg wiederentdeckte und sich für deren Restaurierung engagierte. Er entwarf auch das angeschlossene Restaurante QuéMUAC, das durch riesige Panoramascheiben den perfekten Hafenblick bietet.

– Museum: www.cactlanzarote.com • tgl. 10–20 Uhr • Eintritt 4 €, Kinder 2 €

– Restaurant: Tel. 928 81 23 21 • Di–Do 12–16, Fr, Sa 12–16, 19–23 Uhr • €€€

STRAND
Playa del Reducto 👫

▸ S. 63, westl. a 3

Am Westrand der Stadt erstreckt sich, 3 km vom Hafen entfernt, dieser 500 m lange, feinsandige Strand in einer ruhigen Bucht. Sanitäre Einrichtungen und eine Strandbar sind vorhanden, Palmen spenden ein wenig Schatten. Die Playa del Reducto wird vorwiegend von Einheimischen genutzt, die zum Baden anrücken, ein Sonnenbad genießen oder sportlich schwimmen.

SPAZIERGANG

Stadtplan ▶ S. 63

Starten Sie am **Puente de las Bolas**, der markanten Zugbrücke vor der Altstadt am Meer. Steinkugeln krönen ihre Türme. Die Brücke wurde Ende des 16. Jh. errichtet, als Zugang zum **Castillo de San Gabriel**, das auf einer vorgelagerten Felsinsel die Stadt bewacht. Halten Sie sich Richtung Westen und betreten Sie den

Parque José Ramírez Cerdà. Unter Palmen blühen hier Oleander und Tamarisken. Wasserspiele sorgen für Erfrischung, Pergolen spenden Schatten. Im nostalgischen **Kiosko de la Música**, der Replik eines Musikpavillons aus den 1950er-Jahren, befindet sich eine Touristeninformation. Auf seiner oberen Plattform spielen hin und wieder Musikkapellen auf. Weiter an der Küste entlang kommen Sie zum **Parque Islas Canarias**. Der Park bietet Ruhezonen und Rasenflächen, einen Kinderspielplatz und Stege, die den Zugang zum Meer ermöglichen. Beherrscht wird dieser Teil der Uferfront vom **Gran Hotel**, dem einzigen Hochhaus weit und breit. Dahinter schließt die **Playa del Reducto** an. Gehen Sie auf der von Cafés gesäumten Landseite der breiten Uferstraße, der Avenida Mancomunidad, zurück und biegen Sie im weiteren Verlauf links in die Calle José Betancort

⭐ MERIAN Tipp

PARQUE TEMÁTICO 👫👤

▶ S. 63, westl. a 2

Das Freizeitgelände jenseits der Playa del Reducto erfreut sich bei Jung und Alt großer Beliebtheit. Im Mittelpunkt der Aufmerksamkeit steht die Skateboard-Bahn. Wer sie nicht selbst nutzt, bewundert die Tricks und Kunststücke der jungen einheimischen Skater. Auch für »normale« Sportarten wie Jogging oder Radfahren eignet sich der geräumige Park. Für die ganz Kleinen gibt es einen Spielplatz. Die ältere Generation begnügt sich meist mit einer Partie Minigolf oder einem gemütlichen Spaziergang im Schatten der über 300 Bäume. Arten aus aller Welt sind hier vertreten, etwa Flamboyants, Gummibäume oder verschiedene Palmen. Zu guter Letzt kann man auf einer der Parkbänke oder im Café Platz nehmen. Oder man folgt beliebig weit der Meerespromenade, vielleicht bis zur 4 km entfernten Wochenendhaussiedlung Playa Honda.

Arrecife, Playa del Reducto • Eintritt frei

ein. Sie befinden sich jetzt in einem traditionellen Stadtviertel mit kleinen Wohnhäusern aus dem 19. Jh. Zwei davon wurden in den 1970er-Jahren unter Regie von César Manrique zum Kulturzentrum **El Almacén** ausgebaut (Haus Nr. 33). Dessen Fassade besprühte Matías Mata im Jahre 2007 farbenfroh mit Graffiti. Geradeaus kommen Sie in die **Calle José Antonio Primo de Rivera**, eine der wichtigsten Einkaufsstraßen der Stadt. Folgen Sie ihr nach rechts, zur **Calle León y Castillo**. Die Einheimischen verwenden meist den historischen Namen Calle Real (»Königsstraße«). Auch sie ist von Geschäften gesäumt, unter denen **Almacenes Arencibia** (Haus Nr. 30), ein altmodisches Textilkaufhaus mit Innenhof und Galerie, besondere Erwähnung verdient. Geradeaus treten Sie in das Gassengewirr des ältesten Teils von Arrecife ein. Wenden Sie sich dort nach rechts durch die Calle Aquilino Fernández zum stillen Zentrum der Altstadt, der **Plaza de Las Palmas** mit Pfarrkirche und Markthalle. Gehen Sie zwischen den beiden Gebäuden hindurch Richtung Osten, wo Sie den **Charco de San Ginés** erreichen – eine breite, flache Lagune, in der zahlreiche kleine Fischerboote malerisch vor Anker liegen. Ringsum an der Promenade sind in vielen Fischerkaten heute Restaurants oder Kneipen untergebracht. Es bietet sich an, den Spaziergang hier für eine Einkehr zu unterbrechen, um frischen Fisch oder ein paar Tapas zu genießen. Anschließend können Sie im Uhrzeigersinn um die Lagune herumlaufen und erreichen den Hafen auf der breiten Calle Juan de Quesada (Bushaltestelle). Dauer: 2 Std.

Den Eingang zur Fundación César Manrique (▶ S. 66), einst das Wohnhaus des Künstlers, heute Museum, markiert ein von Manrique kreiertes Windspiel.

ESSEN UND TRINKEN

Lilium ▶ S. 63, östl. d 1
Feine Adresse • Hier wird Autorenküche auf hohem Niveau zelebriert. Kanarische Rezepte dienen als Grundlage für moderne Kreationen. Hervorragende Weinkarte mit Schwerpunkt auf hochwertigen Tropfen von Lanzarote.
Av. Olof Palme s/n •Tel. 9 28 52 49 78 •www.restaurantelilium.com • Mo–Sa 13–16 und 20–23 Uhr • €€€

La Puntilla ▶ S. 63, c 1
Am alten Fischerhafen • Das Restaurant wird von Besitzer Pepe Rodríguez sehr persönlich geführt. Die Küche ist kreativ und marktorientiert, mit Betonung auf Fisch und Meeresfrüchten, etwa Langustensalat mit Guacamole.
Av. César Manrique 52 • Tel. 9 28 81 60 42 • www.lapuntillacomidas.es • tgl. 12–23 Uhr • €€€

Tasca La Raspa ▶ S. 63, c 1
Familiär • Das hübsche Terrassenlokal am Charco serviert Tapas in Riesenportionen zum Sattwerden. Die Küche setzt auf Fisch und Meeresfrüchte, dazu werden beste spanische Weine gereicht.
Av. César Manrique 20 • Tel. 9 28 80 84 05 • Mo–Sa 11–2, So 12.30–2 Uhr • €

EINKAUFEN

Recova Municipal ▶ S. 63, c 2
In der Markthalle werden frische Inselprodukte wie Ziegenkäse, Wein oder Obst und Gemüse aus biologischem Anbau angeboten. Andere Stände verkaufen Kunsthandwerk von den Kanaren, aber auch aus Afrika und Südamerika: Schmuck, Hüte, handgefertigte Schuhe und mehr – auch als Souvenirs geeignet.
Plaza de Las Palmas • Mo–Fr 9–14 Uhr

SERVICE
AUSKUNFT
Punto de Información   ▸ S. 63, b 3
Parque José Ramírez Cerdà s/n • Tel.
9 28 81 31 74 • www.arrecife.es • Mo–
Fr 9.30–16, Sa 10–13 Uhr

Ausflüge
◎ **Fundación César
Manrique**   ▸ S. 147, E 2
Durch spektakuläre Architektur
zeichnet sich das ehemalige Wohnhaus von César Manrique aus. Er
starb 1993 bei einem Verkehrs-
unfall an einer nur 50 m entfernten Straßenkreuzung. Schon einige
Jahre zuvor hatte er das Haus in ein
Museum verwandelt und war nach
Haría umgezogen, da er dem An-
drang der Besucher aus aller Welt
aus dem Weg gehen wollte. Ein großer Teil der Räumlichkeiten befindet sich unter der Erde, in den
Hohlräumen eines erkalteten Lava-
stroms. Jede dieser Vulkanblasen ist
in einer anderen Farbe eingerichtet,
eine Höhle ohne Dach fungiert als
Garten mit Pool und Grillstelle. Im
oberirdischen Bereich, wo Manrique
in einem Atelier hinter riesigen
Glasscheiben arbeitete, ist seine pri-
vate Kunstsammlung zu sehen, die
Werke von Picasso, Miró und Tàpies
umfasst. In der Tienda werden Man-
rique-Drucke, Kunstpostkarten und
T-Shirts verkauft.
Tahiche, C. Jorge Luis Borges 10 •
www.fcmanrique.org • tgl. 10–
18 Uhr • Eintritt 8 €, Kinder frei
5 km nördl. von Arrecife

◎ **Haría**   ▸ S. 146, C 2
5200 Einwohner
Die Stadt in den Bergen zeichnet sich
durch eine gewisse Ursprünglichkeit
aus. Weiße kubische Häuser stehen

Die Palmenoase Haría (▸ S. 66) gilt als einer der fruchtbarsten Orte Lanzarotes und
ist umgeben von zahlreichen Feldern, auf denen Kartoffeln und Getreide gedeihen.

in einem oasenartigen Tal. Wie es heißt, wächst stets eine neue Palme heran, wenn ein Mädchen im Ort geboren wird. Über 3000 der majestätischen Bäume wurden gezählt. Das Leben spielt sich auf der **Plaza León y Castillo** ab, einem alleeartigen Platz vor der Kirche.

30 km nördl. von Arrecife

ESSEN UND TRINKEN
Dos Hermanos

Schöne Terrasse • Das Lokal liegt am zentralen Platz und bietet den Gästen drei sorgfältig dekorierte Speiseräume. Die Küche ist auf typische Fleischsorten spezialisiert: Kaninchen, Zicklein, Lamm.

Pl. León y Castillo s/n • Tel. 9 28 83 54 09 • www.restaurantedos hermanos.es • tgl. 9–20 Uhr • €€

EINKAUFEN
 Táller de Artesanía Reinaldo Dorta Déniz

Einheimische Kunsthandwerker betreiben eine gemeinsame Werkstatt, bilden aus und verkaufen ihre Produkte: Stickereien, Klöppelspitzen, Geflochtenes aus Palmstroh, Keramik, Sandbilder und vieles mehr.

C. Barranco de Tenesía s/n • www. ayuntamientodeharia.com • Mo 10– 13.30, Di–Sa 10–13.30 und 16–19 Uhr

◎ Jameos del Agua ⭐
▸ S. 146, C 1

Als Hauptwerk von César Manrique gilt diese von ihm fantasievoll ausgestaltete Lavahöhle. Sie ist Teil eines 7 km langen Vulkantunnelsystems, das sich bis weit unter den Meeresboden fortsetzt. Zwei »jameos« (Kamine), Höhlenteile mit eingestürzter Decke, erlauben den Zutritt und lassen Luft und Licht hinein. Dazwi-

schen, im abgedeckten Abschnitt, hat sich ein unterirdischer See gebildet, in dem blinde Albinokrebse leben. Einen der Kamine verwandelte Manrique in einen Garten mit Lagune und Bar. Im angrenzenden Höhlenabschnitt befindet sich ein Auditorium für 600 Besucher. www.cactlanzarote.com • tgl. 10– 18.30, Di und Sa (Sommer auch Mi) bis 0.30 Uhr • Eintritt 9 €, Kinder 4,50 €

29 km nordöstl. von Arrecife

◎ Jardín de Cáctus
▸ S. 147, D 2

Seit dem 19. Jh. stehen auf den Feldern von Guatiza Feigenkakteen, auf denen die Koschenille-Schildlaus als Parasit lebt. Sie liefert einen roten Naturfarbstoff, der heute für Naturkosmetika und Bio-Lebensmittel gefragt ist. César Manrique ließ sich dadurch zu seinem Kaktusgarten in einem stillgelegten Steinbruch, seinem letzten großen Werk, inspirieren. Wie die Ränge eines Theaters ordnete er die Gartenterrassen an. Hier stehen heute rund 4500 Kakteen und andere Sukkulenten. Sie gehören etwa 450 verschiedenen Kakteenarten aus Amerika, Afrika und von den Kanarischen Inseln an. In typischer Manrique-Manier ist die Anlage mit Metallskulpturen, Lavabrocken, Brunnen und Fratzengesichtern dekoriert.

Guatiza • www.cactlanzarote.com • tgl. 10–17.45, Juli–Sept. 9–17.45 Uhr • Eintritt 5,50 €, Kinder 2,75 €

14 km nordöstl. von Arrecife

◎ La Geria
▸ S. 147, E 3

Die bizarre Weinbaulandschaft erhielt 1964/65 vom Metropolitan Museum of Modern Art in New York die Auszeichnung »Engineering without

Engineers« (Ingenieurkunst ohne Ingenieure), die UNESCO erklärte sie zum Welterbe. Nach heftigen Vulkanausbrüchen im 18. Jh. war ehemals fruchtbares Land von einer dicken Ascheschicht bedeckt. Die Landwirte wussten sich zu helfen und gruben ein geometrisches Muster aus Zehntausenden von Trichtern, in die sie Rebstöcke setzten. Windgeschützt reifen in der dunklen, Wärme speichernden Asche zuckerhaltige Trauben der Sorte Malvasier für einen traditionellen Süßwein heran. Dem modernen Geschmack entsprechend keltern die Winzer inzwischen auch leichtere Tropfen. In La Geria laden verschiedene Weingüter zur Probe und zum Kauf ein, etwa El Grifo, El Campesino oder die Bodega La Geria.
Ca. 15 km westl. von Arrecife

◎ Mirador del Río ▸ S. 146, C 2

Fast senkrecht über der Meerenge El Río im Norden Lanzarotes schwebt der Aussichtspunkt in 450 m Höhe. Früher hielten hier Wachposten nach feindlichen Schiffen Ausschau, zuletzt noch im Zweiten Weltkrieg. César Manrique gestaltete die verlassene militärische Stellung zu seiner vielleicht gelungensten Arbeit um. Von außen ist das Gebäude kaum vom umgebenden Fels zu unterscheiden. Innen gibt es keine Ecken, nur geschwungene Wände mit sorgfältig gestalteten Details. Aus einer Cafeteria schaut man durch gewaltige Fensterscheiben zur kleinen Nachbarinsel La Graciosa.
www.cactlanzarote.com • Juli–Sept. tgl. 10–18.45, Okt.–Juni tgl. 10–17.45 Uhr • Eintritt 4,50 €, Kinder 2,25 €
37 km nördl. von Arrecife

◎ Montañas del Fuego ▸ S. 147, E 4

Zwischen 1730 und 1736 und zuletzt noch einmal 1834 veränderte Lanzarote sein Gesicht. Aus etwa 100 Kratern ergossen sich Lavaströme oder brachen Vulkanasche und Schlackebrocken hervor. So entstanden die »Feuerberge«, eine Mondlandschaft, die immerhin etwa ein Viertel der Inselfläche ausmacht. Sie steht heute als **Parque Nacional de Timanfaya** unter Schutz und darf nur eingeschränkt betreten werden. Eine mautpflichtige Straße führt zum **Islote de Hilario**, wo ein legendärer Einsiedler mit seinem Kamel gelebt haben soll. Parkranger führen hier vor, wie Wasser schon wenige Zentimeter unter der Erdoberfläche zu kochen beginnt und als Fontäne verdampft. Im benachbarten Restaurante **El Diablo**, das César Manrique entwarf, wird Fleisch über einem heißen Erdloch gegrillt. Vom Islote de Hilario geht es per Bus (im Eintrittspreis inbegriffen) auf der **Ruta de los Volcanes** (Vulkanroute) durch die bizarre, faszinierende Lavalandschaft. Am Südrand des Parks, am **Echadero de los Camellos**, starten Dromedarkarawanen zu 20-minütigen Ausritten durch die Feuerberge.
– Park: www.cactlanzarote.com • Juli–Sept. tgl. 9–18.45, Okt.–Juni tgl. 9–17.45 Uhr • Eintritt 9 €, Kinder 4,50 €
– Restaurante El Diablo: Tel. 928 84 00 57 • tgl. 12–15.45 Uhr • €€
Ca. 33 km westl. von Arrecife

◎ Museo Agrícola El Patio ▸ S. 147, D 3

Das Freilichtmuseum zeigt, wie es um 1900 auf einem Landgut zuging und wie die Bauern der kargen Erde

Parque Nacional de Timanfaya (▶ S. 68): Auf dem Rücken eines Dromedars lässt sich die bizarre Schönheit der Vulkanlandschaft eindrucksvoll erleben.

Erträge abtrotzten. Der Arzt Dr. José Barreto erwarb die Finca in den 1970er-Jahren und restaurierte sie liebevoll. Nach seinem Tod eröffnete die Familie das Museum. Zu sehen sind Wohn- und Wirtschaftsräume, eine früher von Tieren in Bewegung gesetzte Mühle (»tahona«), zwei Windmühlen und Ställe mit Ziegen, Eseln und Dromedaren. In der Bodega wird zu einem Glas Wein aus eigener Produktion eingeladen.
Tiagua, C. Echeyde 18 • Mo–Fr 10–17, Sa 10–14 Uhr • Eintritt 5 €
16 km nordwestl. von Arrecife

◎ Puerto Calero ▶ S. 147, F 3

400 Einwohner

Um den schicken Jachthafen gruppieren sich elegante Geschäfte, Cafés und Restaurants. Etwa viermal am Tag startet das U-Boot **Sub Fun Tres** 🚶👶 zu einstündigen Unterwassersafaris. Durch Panoramabullaugen sieht man die abwechslungsreiche Fauna vor der Küste.
Unterwassersafari: Tel. 9 28 51 28 98 • www.submarinesafaris.com • Erw. 55 €, Kinder 34 € (nicht für Kinder unter zwei Jahren geeignet)
20 km südwestl. von Arrecife

ESSEN UND TRINKEN

Amura

Autorenküche • Das Gourmetrestaurant blickt auf die Luxusjachten im Puerto Calero. Germán Blanco verarbeitet die besten Produkte der Inseln marktfrisch.

Av. Marítima • Tel. 9 28 51 31 81 • www.restauranteamura.com • tgl. 12–24 Uhr • €€€€

◎ Puerto del Carmen

▶ S. 147, E/F 3

11 400 Einwohner

Wer einen Badetag einlegen möchte, fährt in Lanzarotes größten Ferienort. Dort lockt eine 12 km lange Sandstrandzone, hinter der sich Einkaufszentren, Boutiquen und Cafés reihen. Traditionell geht es im Hafenviertel **La Tiñosa** zu, wo in vielen alten Fischerkaten heute urige Restaurants untergebracht sind.

16 km südwestl. von Arrecife

📷 FotoTipp

BLICK FÜR DETAILS

Grüne oder blaue Holztüren und Fenster an blendend weißen Hausfassaden sind das Markenzeichen von Lanzarote. In den Altstadtgassen von Teguise häufen sich diese Motive. Profifotografen meiden den Sonntag, denn dann ist Marktzeit, und es herrscht großes Gedränge.   ▶ S. 70

◎ Teguise

▶ S. 147, E 2

1600 Einwohner

Schon 1418 wurde Teguise als erste Stadt der Kanarischen Inseln gegründet. Der schachbrettförmige Grundriss wurde zum Vorbild für die später in den spanischen Kolonien angelegten Städte. Bis 1852 war Teguise die Hauptstadt von Lanzarote, wo der Adel lebte. An diese glanzvollen Zeiten erinnert noch manches repräsentative Gebäude, etwa am Hauptplatz der **Palacio de Spínola**, ehemals Residenz der Generalkapitäne der Insel, und ihm gegenüber die **Iglesia Nuestra Señora de Guadalupe**. Die Kirche wurde wiederholt von Piraten gebrandschatzt, der heutige Bau stammt von 1680 und ist im neugotischen Stil errichtet. Ihr Glockenturm aus rotem Vulkangestein gilt als Wahrzeichen der Stadt. Am Sonntagvormittag spielt sich in Teguise der **Mercadillo** ab, der bekannteste und bunteste Wochenmarkt von Lanzarote, ein riesiges, vor allem bei Touristen beliebtes Verkaufsfest, das Teguise zur meistbesuchten Stadt der Insel macht.

12 km nördl. von Arrecife

ESSEN UND TRINKEN

Acatife

Urige Weinstube • In einem der ältesten Häuser von Teguise. Die Küche ist gehoben kanarisch mit Schwerpunkt auf Fleischgerichten wie Kaninchen oder Zicklein.

Pl. de la Constitución 1 • Tel. 9 28 84 50 37 • Di–Sa 12–23, So 9–16 Uhr • €€

Cantina

Voll im Trend • Das hippe Lokal punktet mit einem romantischen Innenhof. Sorgfältig zubereitete Tapas, inseltypische Hauptgerichte, gern mit regionalen Produkten. Sonntags zum Markt gibt es Paella.

Calle León y Castillo 8 • Tel. 9 28 84 55 36 • www.cantinateguise.com • tgl. 10–23 Uhr • €€

ENTDECKER TAUCHEN GERN *live!* EIN.

La Gomera

Die kleine Insel im Westen des Archipels präsentiert sich ruhig und beschaulich. Abseits der großen Touristenströme gilt das Eiland seit Jahrzehnten als Aussteigerparadies.

◄ Einkehr mit Aussicht: in der Café-Bar Pedro in Hermigua (► S. 77).

Einen internationalen Flughafen gibt es nicht, daher reisen die meisten Besucher auf dem Seeweg an – mit der Fähre von Teneriffa, auf der eigenen Segeljacht oder eben mit dem Kreuzfahrtschiff. Die Meeresufer insbesondere im Süden der Insel sind karg, die Strände kurz und eher kiesig. Im feuchteren Norden gedeihen Bananen und Wein, die dortigen Bewohner leben in hübschen kleinen Landstädtchen. Fast menschenleer und abgeschieden ist das dicht bewaldete, von schroffen Schluchten und abenteuerlichen Ziegenpfaden durchzogene Inselinnere.

San Sebastián de La Gomera ► S. 149, F 3

9000 Einwohner
Stadtplan ► S. 75

Trotz der geringen Größe bietet San Sebastián eine gewisse Urbanität mit guten Einkaufsmöglichkeiten, großzügigen Plätzen, netten Lokalen und einem gepflegten Park. Überall wandelt man auf den Spuren von Christoph Kolumbus, dem berühmtesten Besucher. Auf drei seiner Reisen machte er in San Sebastián Station, angeblich weil ihn eine Liebesbeziehung mit der damaligen Inselherrin Beatriz de Bobadilla verband. Selbstverständlich wusste er auch den sicheren Ankerplatz zu schätzen, der die europäischen Siedler im 15. Jh. veranlasst hatte, die Stadt an dieser Stelle zu gründen. Die schütter von kaktusähnlichen Wolfsmilchgewächsen bestandenen Hänge zu beiden Seiten der Stadt lassen kaum erahnen, dass sich im

Hinterland eine fruchtbare Oasenlandschaft erstreckt, in der Obst und Gemüse üppig gedeihen.

HAFEN

Idealer geht es kaum. Im überschaubar großen Hafen von San Sebastián de La Gomera, der eher selten von Kreuzfahrtschiffen angelaufen wird, sind die Wege nicht weit. Nach 500 m, am Jachthafen und der dortigen Ladenzeile vorbei, ist schon die weitläufige Plaza de Las Américas vor dem Stadtzentrum erreicht. www.puertosdetenerife.org

SEHENSWERTES

Casa de la Aduana ► S. 75, b 2

Im Innenhof des alten Zollhauses ist der Brunnen zu besichtigen, aus dem Christoph Kolumbus Wasservorräte für die Überfahrt geschöpft haben soll – der **Pozo de la Aguada**. Eine Ausstellung befasst sich mit Kolumbus' erster Atlantiküberquerung 1492, zeigt Seekarten und alte Stiche von San Sebastián. C. Real 4 • www.museoslagomera. es • Mo–Fr 10–18 Uhr, feiertags geschl. (Änderungen möglich) • Eintritt frei

Iglesia de la Asunción ► S. 75, a 2

Kolumbus soll in der Stadtkirche gebetet haben, bevor er in See stach. Das Hauptportal des Gotteshauses stammt noch vom Beginn des 16. Jh. und ist ein schönes Beispiel für die Atlantische Gotik, einen auf den Kanaren und auf Madeira in der Zeit der Entdeckungsfahrer üblichen Baustil. Im Kircheninneren fällt neben dem spätbarocken Hauptaltar, der 1807 entstanden ist, vor allem die prächtig verzierte Capilla Virgen del Pilar ins Auge, wo ein

Fresko die Abwehr eines englischen Flottenangriffs auf San Sebastián im Jahr 1743 dokumentiert.

C. Real • tgl. geöffnet

Torre del Conde   ▶ S. 75, a 2

In dem spätmittelalterlichen Wehrturm, der Mitte des 15. Jh. entstand und den einzigen seiner Art auf den Kanaren darstellt, verschanzte sich die Familie der spanischen Grafen (»condes«) von La Gomera immer wieder bei Aufständen der indigenen Bevölkerung. Heute beherbergt der Turm eine Ausstellung zur Militärgeschichte La Gomeras und zeigt historische Landkarten und Pläne.

Parque de la Torre del Conde
– Turm: Mo–Fr 10–18 Uhr (Änderungen möglich) • Eintritt frei
– Park: tgl. 9–20 (im Sommer bis 21) Uhr • Eintritt frei

MUSEEN

Museo Arqueológico de La Gomera (MAG)   ▶ S. 75, b 2

Ein vornehmes Stadthaus aus dem 18. Jh. wurde zum Archäologischen Inselmuseum umgestaltet. Im Innenhof und in mehreren kleinen Sälen erläutern diverse Exponate und Schautafeln Lebensweise und Kultur der indigenen Bevölkerung. Auch sind interessante Proben der Pfeifsprache El Silbo zu hören.

C. Torres Padilla 6 • www.museos lagomera.es • Di–Fr 10–16, Sa 10–14 Uhr • Eintritt 2,50 €

STRAND

Playa de la Cueva   ▶ S. 75, c 2

Der schönere, allerdings der Brandung etwas stärker ausgesetzte der beiden Strände von San Sebastián liegt, von der Stadt durch einen Bergrücken getrennt, unmittelbar nordöstlich vom Hafen. Landeinwärts begrenzt eine steile Felswand die sandige, von Palmen und einer kurzen Promenade gesäumte Playa.

SPAZIERGANG

Stadtplan ▶ S. 75

Um San Sebastián zu Fuß zu erkunden, starten Sie an der **Plaza de Las Américas**. Ein Fußbodenmosaik an der dortigen Meerespromenade bildet die Fahrt der Kolumbusflotte 1492 nach Amerika ab. An die Promenade grenzt die **Playa de San Sebastián**, ein sandiger, familienfreundlicher Strand im Hafenbereich. Überqueren Sie nun diagonal die Plaza de Las Américas, um zur benachbarten, schattigen **Plaza de la Constitución** zu gelangen, wo sich die Einheimischen gern auf einen Kaffee im Kiosco Las Carabelas treffen. Dort beginnt bei der Casa de la Aduana die **Calle Real** (auch Calle del Medio), die Prachtstraße von San Sebastián, an der sich wunderschön restaurierte Paläste und Bürgerhäuser reihen. In vielen sind heute Geschäfte oder Restaurants untergebracht. Sobald Sie den Vorplatz der Iglesia de la Asunción passiert haben, erhebt sich rechter Hand die **Casa de Colón** (Haus Nr. 56), wo der Überlieferung nach Christoph Kolumbus untergebracht war, wenn er sich auf La Gomera aufhielt. Wenig weiter befindet sich, ebenfalls auf der rechten Seite, die winzige **Ermita de San Sebastián**, die älteste, schon Mitte des 15. Jh. gegründete Kirche der Stadt. Gehen Sie nun auf der Calle Real zurück und biegen Sie rechts in die kurze Fußgängerzone **Calle República de Chile** ein. Diese führt Sie zum Nordrand des **Parque de la Torre del Conde**, des sehr ge-

pflegten und mit vielerlei exotischen Gewächsen bepflanzten Stadtparks, in dem der gleichnamige Turm emporragt. Wenn Sie den Park an seiner meerwärtigen Südseite verlassen, gelangen Sie nach links sogleich wieder zur Plaza de Las Américas. Dauer: 1 Std.

ESSEN UND TRINKEN

El Charcón   ▶ S. 75, a 3
Höhlenrestaurant • In einer Grotte hinter der Playa de la Cueva hat sich das originelle Lokal eingerichtet. Es serviert seinen Gästen kreative Küche aus frischen Zutaten. Paseo Marítimo La Cueva • Tel. 9 22 14 18 98 • www.restauranteelcharcon. com • Mo–Sa 12.30–22.30 Uhr • €€

Cuba Libre   ▶ S. 75, b 2
Wichtigster Treff im Ort • Unter hohen Palmen lassen sich Einheimische wie auch Besucher hier gern auf einen karibischen Cocktail oder frisch gepressten Fruchtsaft nieder. Pl. de Las Américas 18 • Tel. 9 22 14 11 32 • tgl. 9–23 Uhr • €

El Pajar   ▶ S. 75, a 2
Familiäres Ambiente • Angenehmes Lokal in einem luftigen Innenhof. Was aus der Küche kommt, schmeckt authentisch, was viele Stammgäste zu schätzen wissen. Bestes Preis-Leistungs-Verhältnis. C. de Ruiz de Padrón 26 • Tel. 9 22 87 03 55 • Di–So 12.30–15.30 und 18.30–23 Uhr • €

EINKAUFEN

Artesanía Santa Ana   ▶ S. 75, b 2

Der kleine Laden bietet eine nette Auswahl an Kunsthandwerk von La Gomera, etwa Stickereien oder Keramik, die sich auch wunderbar als Souvenir eignen. Eingerichtet ist das Geschäft in einem Haus, das 1535 errichtet wurde und ehemals als Kapelle fungierte.
C. Real 41

MERIAN Tipp

GALERÍA DE ARTE LUNA   ▶ S. 75, b 2

Das Haus aus dem 17. Jh. in der Vorzeigestraße von San Sebastián ist ein Hingucker mit seiner gelben Fassade, den grünen Fensterrahmen und dem Mondsichellogo. Mehrere kanarische Künstler zeigen und verkaufen in der Galerie ihre Werke, speziell Guido Kolitscher (geb. 1950), der aus Wien stammt und auf La Gomera lebt. Kolitscher befasst sich mit verschiedenen Radierungstechniken. Gern arbeitet er mit zahlreichen Farbschichten auf Eisenplatten, beliebte Motive sind Inselszenen. Unbedingt einen Blick in den begrünten Innenhof werfen.

San Sebastián de La Gomera, C. Real 28 • www.galerialuna.com

Mercado Municipal   ▶ S. 75, a 2

In der Markthalle von San Sebastián offerieren mehrere Stände Feinkost, die aus inseleigener Produktion stammt und sich wunderbar als kulinarisches Souvenir eignet: Palmhonig (herb-süßer Sirup der Kanarischen Palme, der als einer der besten Spaniens gilt), »almogrote« (pikanter Brotaufstrich mit Ziegenkäse), exotische Marmeladen, etwa mit Papaya

oder Datteln, sowie diverse Sorten der kanarischen Würzsoße »mojo«.
Av. de Colón s/n • Mo–Fr 8–14 und 17–20.30, Sa 8–14 Uhr

SERVICE

AUSKUNFT

Oficina de Turismo   ▶ S. 75, b 2

C. Real 32 • Tel. 9 22 14 15 12 • www.lagomera.travel • Mo–Sa 9–13.30 und 15.30–18, So 10–13 Uhr

Ausflüge

◎ **Agulo**   ▶ S. 149, D 1

1100 Einwohner

Malerisch liegt die Kleinstadt Agulo hoch über der Küste in einem Talkessel, den eine steile rote Felswand landeinwärts begrenzt. Etwas abseits befindet sich der stille alte Ortskern **Las Casas** mit den Palästen der ehemaligen Großgrundbesitzer des Inselordens und der eigenwilligen **Iglesia San Marcos Evangelista** (1911–1923), von den Einheimischen wegen ihrer arabisch anmutenden Architektur auch »La Mezquita« (Moschee) genannt.
24 km nordwestl. von San Sebastián de La Gomera

SEHENSWERTES

Juego de Bolas

Das **Besucherzentrum des Nationalparks Garajonay** (▶ S. 78) informiert mit einer interessanten Ausstellung über Geologie, Flora und Fauna des Lorbeerwaldgebiets, das sich im Inselinneren erstreckt. Um das gutshofartige Gebäude herum wurde ein besuchenswerter botanischer Garten mit einheimischen Pflanzenarten angelegt.
La Palmita (10 km südwestl. von Agulo) • tgl. 9.30–16.30 Uhr • Eintritt frei

Das 3D-Modell von La Gomera im Besucherzentrum des Nationalparks Garajonay (▶ S. 78) zeigt sehr anschaulich die besondere Geologie und Topografie der Insel.

◎ Hermigua　　▶ S. 149, D 2

2100 Einwohner

Die Häuser von Hermigua reihen sich 4 km entlang der Hauptstraße, die ein fruchtbares Tal mit Bananenplantagen durchzieht. Nur um die Hauptkirche im Ortsteil El Curato ist ein Zentrum zu erahnen. Idyllisch präsentiert sich das Viertel El Convento im oberen Tal, rund um ein ehemaliges Dominikanerkloster.

20 km nordwestl. von San Sebastián de La Gomera

SEHENSWERTES
Los Telares

Der Gebäudekomplex einer alten Gofio-Mühle beherbergt die größte Privatsammlung von traditionellen Alltagsgegenständen, die bis zum Beginn des 20. Jh. benutzt wurden. Carretera General 35 • www.molino degofiogomera.com • Mo–Sa 9.30–17.30 Uhr • Eintritt frei

MUSEEN
Museo Etnográfico de La Gomera (MEG)

Die Sammlung vermittelt ein Bild von der Alltagskultur vergangener Zeiten. Thematisiert werden Handwerkskünste, Fischerei, Viehzucht und Weinherstellung sowie die weltweit einzigartige Pfeifsprache El Silbo und die inseltypische Palmhoniggewinnung. Carretera General 99 • www.museos lagomera.es • Di–Fr 10–18 (Juni–Sept. bis 19), Sa, So 10–14 Uhr • Eintritt 2,50 €

ESSEN UND TRINKEN
Café-Bar Pedro

Pflichtstation • Wer in den Inselnorden fährt, kehrt bei Pedro ein. Das Lokal hat eine kultige Terrasse und serviert hervorragende Tapas. Carretera General 56 • Tel. 9 22 88 09 91 • tgl. 8–24 Uhr • €

Palmen, grüne Terrassenfelder, üppige Gärten und strahlend weiße Häuser zieren das »Tal des Großen Königs« – Valle Gran Rey (▸ S. 79).

◎ Parque Nacional de Garajonay ⑤   ▸ S. 148, C 2

Im Inneren der Insel La Gomera erstreckt sich ein riesiger, dschungelähnlicher Lorbeerwald (»laurisilva«), der als Nationalpark mehr als zehn Prozent der Inselfläche umfasst. Oft sitzt ihm eine Wolkenkappe auf. Über das Kerngebiet hinaus sind auch die trockeneren Randbereiche unter Schutz gestellt, auf denen »fayal-brezal« gedeiht,

📷 FotoTipp

NATUR ALS MOTIV

Der Lorbeerwald ist schwer aufs Foto zu bannen. Vielleicht finden Sie einen knorrig gebogenen Stamm, der scharf gestellt und als zentrales Motiv den Bildrahmen für die dahinter stimmungsvoll im Nebel verschwimmenden Nachbarbäume abgibt?   ▸ S. 78

eine Waldformation aus Gagelbaum und Baumheide.

Ca. 20 km westl. von San Sebastián de La Gomera

SEHENSWERTES
Laguna Grande 🧒

Eine mystische Atmosphäre umgibt den flachen Vulkankrater, der sich nach starken Regenfällen für wenige Tage mit Wasser füllt. Die indigene Bevölkerung brachte hier vermutlich der von ihr verehrten Gottheit Opfer dar. Daran erinnert ein Menhir in der Mitte der Lagune. Die Lichtung füllt sich am Wochenende mit Familien, die hier einen großen Abenteuerspielplatz und Picknicktische vorfinden. Am benachbarten Informationszentrum (Di–So 8.30–16.30 Uhr) beginnt ein lauschiger Lorbeerwald-Naturlehrpfad, für den man etwa eine halbe Stunde benötigt.

Los Roques

Von einem Aussichtspunkt im Osten des Nationalparks sind einige bizarre Felsformationen auszumachen, etwa der zuckerhutförmige **Roque de Agando**. Bei Los Roques handelt es sich um die Füllungen ehemaliger Vulkanschlote, deren festes Gestein der Verwitterung trotzte, während Niederschläge die äußeren Ascheschichten des Vulkans fortspülten.

ESSEN UND TRINKEN

La Laguna Grande

Ausflugslokal • Im Speisesaal wird Traditionsküche aufgetischt, an der Bar gibt es Tapas und Kuchen.
Tel. 9 22 69 70 70 • www.laguna-grande.es • Juli–Sept. tgl. 8.30–22.30, Okt.–Juni Mi–Mo 8.30–22.30 Uhr • €€

◎ Valle Gran Rey   ▶ S. 148, A 3

4800 Einwohner
In dem grandiosen, palmenbestandenen und von hohen Felswänden flankierten Tal ist das Flair der Hippies zu spüren, die in den 1970er-Jahren diesen entlegenen Flecken für sich entdeckten. Boutiquen mit alternativer Sommermode verlocken im verwinkelten Hafenviertel **Vueltas** zum Stöbern. Am schönsten Strandabschnitt beim Ortsteil **La Playa** lädt eine von Cafés gesäumte Uferpromenade zum Schlendern ein. Etwas landeinwärts liegt das malerische weiße Dorf **La Calera**.
46 km westl. von San Sebastián de La Gomera

ESSEN UND TRINKEN

El Puerto

Klassisch für Fisch • Das alteingesessene, geräumige und rustikal eingerichtete Hafenlokal verarbeitet und serviert seinen Gästen den frischen Fang. Freundlicher Service.
Vueltas, C. Las Vueltas 1 • Tel. 9 22 80 52 24 • Do–Di 13–22 Uhr • €€

El Paraíso

Wie anno dazumal • Mari-Luz kocht noch echte gomerische Hausmannskost, viele einheimische Gäste wissen das zu schätzen. Spezialität ist Kaninchen mit Knoblauch.
La Playa, Av. Marítima 4 • Tel. 9 22 80 54 47 • So–Fr 13.45–22.30 Uhr • €

Zumería Carlos

Szene-Bar • Hier treffen sich alle, die dazugehören wollen. Kreativ belegte Toast-Spezialitäten, Riesenauswahl an frischen Fruchtsäften.
La Calera, C. El Caidero 7 • tgl. 10–22 Uhr • €

EINKAUFEN

Algo diferente 👫

Die Boutique vertreibt die begehrten T-Shirts, Taschen und Mützen mit dem Gecko, dem Gomera-Logo mit Kultstatus.
Borbalán, Av. del Llano 25 • www.algo-diferente.com • Mo–Fr 10–13.30 und 17–20.30, Sa 10–13.30 Uhr

🍃 Finca Ecológica Lomo del Riego

Der kleine Bio-Bauernhof, der sich neben dem Busbahnhof befindet, verkauft Obst direkt aus der Plantage und andere Bio-Lebensmittel.
La Calera, C. Lomoriego • Mo–Fr 9–13 und 16.30–19.30, Sa 9–13 Uhr

SERVICE

AUSKUNFT

OIT Valle Gran Rey

La Playa, C. La Noria 2 • Tel. 9 22 80 54 58 • Mo–Sa 9–13.30 und 15.30–18, So 10–13 Uhr

Tierwelt des Ozeans

Nur wenige Meeresregionen weisen eine so spektakuläre Fauna mit Walen, Delfinen, Schildkröten und Seevögeln auf wie die Gewässer rund um die Kanarischen Inseln.

Die Tierwelt in den Gewässern rund um die Kanaren lässt sich bequem von Bord eines Schiffes beobachten. Von den rund 85 bekannten Wal- und Delfinarten wurden schon 23 gesichtet. Immer neue kommen hinzu, denn die Großsäuger sind wanderlustig und ziehen im ganzen Atlantik umher. Ein Fernglas im Gepäck lohnt sich.

Wale und Delfine

Die häufigste Walart ist hier der Pilotwal. Im Süden von Teneriffa leben etwa 400 Exemplare, und auch an La Gomeras Südküste halten sich immer etliche Exemplare auf. Vor Madeira zeigt sich eher der an seiner Blaswolke zu erkennende Pottwal. Außerdem werden regelmäßig Finnwale (mit 25 m die zweitlängsten Wale der Welt), Seiwale und Brydewale gesichtet. Öfter noch bekommt man allerdings Delfine zu Gesicht, etwa den Gemeinen Delfin oder den Großen Tümmler. Letzterer gilt als besonders intelligent und durfte deshalb den »Flipper« der gleichnamigen Fernsehserie spielen. Delfine sind neugierig und tanzen oft über die Heckwellen der Schiffe.

Zwar ist der eine oder andere Meeressäuger auch von Bord eines Kreuzfahrtschiffes auszumachen, ein direkteres Erlebnis bietet allerdings eine spezielle Walbeobachtungsfahrt mit

◀ Delfintour (▶ S. 81) in den Gewässern rund um die Kanarischen Inseln.

einem kleineren Boot. Das i-Tüpfelchen dabei ist oft die Sichtung einer Meeresschildkröte, meist der Unechten Karettschildkröte. Die Tiere treiben gern, sich sonnend, einfach auf dem freien Wasser. Ihre Eier legten sie bis vor einigen Jahrzehnten an den langen Sandstränden der Kanaren ab. Heute vermehren sie sich nur noch auf den Kapverdischen Inseln, schwimmen aber als erwachsene Tiere durch den ganzen Atlantik. Auf Fuerteventura läuft seit 2006 ein Projekt zur Wiederansiedlung.

Bedrohung und Schutz

Der Fang des Pottwals wurde von Madeira aus bis 1982 betrieben, allerdings nicht industriell, sondern mit kleinen Ruderbooten. Die Zahl der erlegten Tiere war verhältnismäßig gering. Internationale Naturschützer kämpften für die Einstellung des blutigen Geschäfts. Seither erstreckt sich rings um die Insel eine Schutzzone. Auch vor den Kanaren gibt es spezielle Schutzgebiete, etwa an der Küste Fuerteventuras.

Heute lauern nicht mehr die Jäger, sondern es drohen ganz andere Gefahren. Nicht wenige Wale und Delfine kollidieren mit Schiffen. In die Kritik gerieten deswegen vor allem die mit Jetantrieb ausgestatteten, innerkanarischen Schnellfähren. Jetzt sollen sie die bevorzugten Aufenthaltsorte der Meeressäuger umfahren. Auch Pestizide und Schwermetalle im Meerwasser machen Walen und Delfinen zu schaffen. Nicht zuletzt gerieten die Walbeobachtungsfahrten in Verruf, denn nicht selten wurde viel zu nah an die Walherden

herangefahren. Inzwischen sind die Veranstalter zur Einhaltung eines Verhaltenskatalogs verpflichtet.

Wilde Inseln

An der Schifffahrtsroute von Teneriffa nach Madeira liegen die Ilhas Selvagens (»wilde Inseln«). Die Felsklippen sind ein Paradies für Seevögel. Ab März nisten dort etwa 19 000 Paare der Weißgesicht-Sturmschwalbe. Der Gelbschnabel-Sturmtaucher hat hier mit 13 000 Paaren seine größte Brutkolonie im Atlantik. Auch andernorts brüten Seevögel in großer Zahl, etwa auf den Vogelschutzinseln Montaña Clara und Alegranza nördlich von Lanzarote oder auf den Ilhas Desertas bei Madeira. Der Fischadler nistet auf Teneriffa und wird auch auf Lobos gesichtet, einer Insel vor Corralejo (Fuerteventura).

INFORMATIONEN

🌿 **AUSFAHRTEN ZUM »SANFTEN« WHALEWATCHING**

Oceano La Gomera
Der Veranstalter auf La Gomera arbeitet mit M.E.E.R. e.V. und Volker Boehlke zusammen, dem Autor des Führers »Wale und Delfine bei den Kanarischen Inseln« (im Buchhandel vor Ort erhältlich).
Valle Gran Rey, C. Quema 7 • www. oceano-gomera.com

Rota dos Cetáceos, Madeira
Mit der Familie des letzten Walfängers auf Madeira die Riesen des Meeres beobachten. Ausfahrten per Schlauchboot oder Motorkatamaran in Begleitung eines Meeresbiologen.
Funchal, Av. Arriaga 75, Marina Shopping Center, Ladenlokal 247 • www.rota-dos-cetaceos.pt

La Palma

»La isla bonita«, die hübsche Insel, trumpft mit spektakulären Steilküsten und üppig grünem Pflanzenkleid auf. Ein
Ziel des Massentourismus ist das Eiland nie geworden.

◄ Die Caldera de Taburiente (► S. 87) ist ein Wanderparadies.

Während im feuchten Nordosten ein dschungelähnlicher Lorbeerwald die Szenerie beherrscht, legen sich ansonsten lichte Kiefernwälder wie ein Gürtel um die Insel. Im Gebirge ragen Vulkankegel und schroffe Felskämme auf, gekrönt von den weiß leuchtenden Teleskopen der größten Sternwarte Europas. Die Bauern leben von Bananen- und Weinbau oder bewirtschaften Mandelplantagen. Viele deutsche Aussteiger leben auf La Palma und gestalten das Inselleben mit.

⭐ 6 Santa Cruz de La Palma   ► S. 150, C 2

16 000 Einwohner
Stadtplan ► S. 85

Die vielleicht schönste Stadt der Kanarischen Inseln schmiegt sich an einen steilen Küstenhang und gefällt durch ihre harmonische Bebauung. Aus der Zeit nach der Conquista, als der Hafen als Drehscheibe des Atlantikhandels fungierte, blieben prächtige Kirchen, Klöster und Paläste. Dennoch wirkt Santa Cruz keineswegs museal. Im historischen Stadtkern, der viel von seinem ursprüngliche Flair behalten hat, flanieren Einheimische und Besucher, begutachten die Auslagen von Marktständen und die Schaufenster von Boutiquen und machen es sich gern in einem der Straßencafés bequem.

HAFEN

Vom Passagierkai an der Außenmole sind es am Jachthafen mit schicker Laden- und Restaurantzeile vorbei nur etwa 500 m bis zur Plaza de la Constitución am Südrand der Innenstadt, wo die Fußgängerzone Calle O'Daly und die Avenida Marítima beginnen.
www.puertosdetenerife.org

SEHENSWERTES

Ayuntamiento   ► S. 85, a 4

Mit seiner verspielten Fassade zählt das Rathaus von Santa Cruz zu den schönsten Bauten im Platereskstil (einer spanischen Variante der Renaissance) auf den Kanarischen Inseln. Zu seiner Erbauungszeit um 1560 regierte in Spanien König Philipp II. aus dem Hause Habsburg. Sein Wappen mit dem doppelköpfigen Adler schwebt direkt über dem Eingang. Es ist erlaubt, einen Blick in das Treppenhaus zu werfen, wo riesige expressionistische Wandgemälde von Mariano de Cossió (1892–1960) Alltagsszenen aus dem Beginn des 20. Jh. zeigen.
Pl. de España s/n • Mo–Sa 8–13 Uhr

Iglesia de El Salvador   ► S. 85, a 4

Nach Brandschatzung durch französische Korsaren im Jahre 1553 entstand die Hauptkirche fast völlig neu. Bemerkenswert sind das stilreine Renaissanceportal sowie die im südspanischen Mudéjarstil geschnitzte Holzdecke im Inneren, die wohl schönste überhaupt auf den Kanaren. Die gotische Sakristei stammt noch von der ursprünglichen Kirche.
Pl. de España s/n • tgl. 9.30–13 und 17.30–19.30 Uhr

Mirador de La Concepción

Der Aussichtspunkt thront auf einem Kraterrand und bietet den besten Blick über die Stadt. Längst hat die Brandung den meerwärtigen Teil des ehemaligen Vulkans fortgespült.

Die verbliebene Steilwand mit den Resten des Kraters ist heute Naturschutzgebiet. Neben dem Mirador steht die **Ermita de Nuestra Señora de La Concepción**, eine typisch palmerische Landkirche.

4 km Fußweg südwestl. von Santa Cruz de La Palma

Real Santuario de Nuestra Señora de Las Nieves   ▶ S. 85, b 1

Die Wallfahrtsstätte liegt hoch oberhalb von Santa Cruz. Nachweislich gab es hier schon 1517, nur wenige Jahre nach der Conquista, ein erstes Heiligtum für die »Jungfrau vom Schnee«. Ihr Kult geht auf eine Legende zurück, wonach es im 4. Jh. mitten im Sommer in Rom schneite. Auf La Palma soll die Madonna im Jahr 1676 eine schlimme Dürre beendet haben. Seither steht ihr Bildnis alle fünf Jahre im Sommer im Mittelpunkt wochenlanger Feierlichkeiten, der berühmten »bajada« (nächster Termin 2020). Der heutige barocke Kirchenbau wurde 1740 fertiggestellt. Die Marienstatue sitzt auf einem vierstufigen Altar aus reinem Silber, in wechselnde Brokatgewänder gehüllt, die dicht mit Gold und Edelsteinen besetzt sind.

Pl. de Las Nieves (3 km nordwestl. von Santa Cruz de La Palma) • tgl. 8.30–20 Uhr

MUSEEN
Museo Insular de La Palma

▶ S. 85, b 1

Im ehemaligen Franziskanerkloster, einem großzügigen Bau mit zwei Kreuzgängen, widmet sich das Museum einer bunten Auswahl an Inselthemen: Malerei, Naturhistorie, Handwerk, bäuerliche Kultur und Kirchenkunst. Besonders interessant

ist eine Ausstellung zur Seidenherstellung, die – einzigartig für Europa – bis heute in El Paso auf La Palma praktiziert wird.

Pl. de San Francisco 3 • Juli–Sept. Mo–Sa 10–19.30, Okt.–Juni Mo–Sa 10–20, So 10–14 Uhr • Eintritt 4 €, Kinder frei

Museo Naval 🧑‍🦽   ▶ S. 85, b 1

Den originellen Rahmen für ein kleines Seefahrtsmuseum bildet der **Barco de La Virgen**, ein Nachbau der Kolumbus-Karavelle »Santa María«. Aus Beton gegossen, wirkt das Schiff durch seine – Holzplanken imitierende – Bemalung täuschend echt. Man kann an Deck herumspazieren und in den Kajüten Schiffsmodelle bewundern.

Av. de Las Nieves 1 • Mo–Fr 10–15, Sa, So 10–14 Uhr • Eintritt 3 €, Kinder 1,50 €

STRAND
Playa de Bajamar 🧑‍🦽   ▶ S. 85, südl. b 4

Fußläufig, in etwa zehn Minuten vom Passagierkai entfernt, liegt südlich des Hafens ein dunkelsandiger Strand. Er ist gepflegt und gut gegen Wellen und Strömungen geschützt. Der neue Stadtstrand, die künstlich aufgeschüttete **Playa de Santa Cruz**, soll nach mehreren Verzögerungen 2017 fertiggestellt sein.

SPAZIERGANG
Stadtplan ▶ S. 85

Laufen Sie von der **Plaza de la Constitución** zunächst durch die historische Prachtstraße der Stadt, die von vornehmen Palästen gesäumte **Calle O'Daly**. Besondere Beachtung verdient die **Casa Salazar** (Haus Nr. 22) mit ihrer Natursteinfassade aus dem 17. Jh., der dreistöckigen

Holzgalerie im Innenhof und dem öffentlich zugänglichen Prunksaal in der ersten Etage. Dann erweitert sich die Straße zur lebhaften **Plaza de España**. Ihre Dreiecksform gilt als einmalig im Archipel. Am Renaissancebrunnen **La Pila** (1588) schöpften die Bürger früher ihr Trinkwasser. Ein Denkmal erinnert an den Pfarrer Manuel Hernández Díaz aus Santa Cruz, der 1820 für die erste liberale Verfassung in Spanien eintrat. Neben Rathaus und Hauptkirche zieht die **Casa Monteverde**

die Blicke auf sich. Der ursprünglich zweigeschossige Palast mit typisch kanarischem Holzbalkon erhielt zu Beginn des 20. Jh. ein originelles Jugendstildachgeschoss. Im weiteren Verlauf der Calle O'Daly und ihrer Fortsetzung, der Calle Pérez de Brito, entstanden die Häuser erst nach einem schweren Brand 1770. Dann ist die **Placeta de Borrero** erreicht, der wohl idyllischste Platz der Stadt. Spätestens hier bietet es sich an, eine Pause in einem Café einzulegen oder in den Souvenirläden zu stöbern. Anschließend geht es durch die Calle Pérez de Brito weiter und dann links in die Calle Baltasar Martín, auf der man sogleich zur stillen **Plaza de San Francisco** mit dem ehemaligen Franziskanerkloster (heute Museo Insular) gelangt. Hier leuchten das ganze Jahr über die feuerroten Blüten der Tulpenbäume. Eine Gasse führt zur **Plaza de La Alameda**. Hier flanieren die Einheimischen und gönnen sich einen Kaffee im zentralen Kiosco. Am Südrand des geräumigen Platzes erinnert ein Holzkreuz an die Stadtgründung am 3. Mai 1493. Wenden Sie sich nun Richtung Meer, zur **Avenida Marítima**, wo die Festung **Castillo de Santa Catalina** Santa Cruz jahrhundertelang gegen Überfälle von See her schützte. Laufen Sie jetzt an der neu angelegten Playa de Santa Cruz entlang südwärts. Unterwegs treffen Sie auf die berühmten **Casas de los Balcones** (Balkonhäu-

ser). Die Paläste aus dem 16./17. Jh. besaßen auf ihrer Rückseite zum Meer hin Vorratsräume, die dank aufwändig geschnitzter Holzveranden vor der Sonne geschützt und doch zugleich luftig waren. An Restaurants und Cafés vorbei gelangen Sie zurück zum Hafen.
Dauer: 1,5 Std.

ESSEN UND TRINKEN

🌿 Enriclai   ▸ S. 85, a 3
Klein und fein • Das winzige Lokal verfügt über lediglich vier Tische, an denen allerdings beste Autorenküche mit italienischem Touch serviert wird. Frische Produkte, vieles aus ökologischem Anbau.
C. Dr. Santos Abreu 2 • Tel. 6 80 20 32 90 • Mo 19.30–22.30, Di–Sa 12–15.30 und 19.30–22.30 Uhr • €€

La Placeta   ▸ S. 85, b 3
In bester Lage • Ein Dauerbrenner in der Gastronomieszene von Santa Cruz. Unten schicke Tapas-Bar mit vielen Tischen draußen auf dem Platz, oben feines Restaurant. Serviert wird eine kreative Küche, auch vegetarisch und vegan.
Placeta de Borrero 1 • Tel. 9 22 41 52 73 • www.restaurantelaplaceta. com • Mo–Sa 10–23 Uhr • €€

Parrilla Las Nieves
Familiär und bodenständig • Das geräumige Grillrestaurant gilt unter Palmeros als bester Ausflugstipp weit und breit. Besondere Spezialität ist Schweinefleisch, das über dem Holzfeuer gegart wird.
Pl. de Las Nieves 2 (3 km nordwestl. von Santa Cruz de La Palma) • Tel. 9 22 41 66 00 • www.barparrilla lasnieves.es • tgl. 12.30–17 und 19–23.30 Uhr • €

⭐ **MERIAN Tipp** 6

MERCADO LA RECOVA   ▸ S. 85, a 3

Gemeinsam mit den Palmeros einkaufen, das bereitet in der Markthalle von Santa Cruz de La Palma besondere Freude. Ist sie doch schon wegen ihrer schönen Jugendstilbauweise mehr als nur einen Blick wert. Innen fällt durch eine Glaskuppel Licht auf die bunten Auslagen der Stände: tropische Früchte aus Inselanbau, etwa Mangos oder natürlich Bananen, dazu exotische Gewürze, Oliven, pikantes Essiggemüse.
Santa Cruz de la Palma, Av. del Puente 16 • www.santacruzdelapalma.es/larecova • Mo–Fr 7–14, Sa 7–15 Uhr

Die Skulptur »El Enano« (Zwerg) begrüßt den Besucher des Museo Naval (▸ S. 84), das in einem Nachbau der Kolumbus-Karavelle »Santa María« untergebracht ist.

EINKAUFEN

CEVA Casa Salazar   ▸ S. 85, a 4

Im Eingangsbereich des ehrwürdigen Palastes befindet sich die offizielle Inselverkaufsstelle für Kunsthandwerk mit kleiner Ausstellung. C. O'Daly 22 • Sommer Mo–Fr 8–14, Winter Mo–Fr 10–13.30 und 17–19.30 Uhr

Natura   ▸ S. 85, südl. a 4

Der trendige Shop in der Ladenzeile des Jachthafens von Santa Cruz de La Palma führt gefällige und tragbare Mode in schlichten Farben. Außerdem sind Accessoires sowie dekorative, aber auch nützliche Gegenstände wie Haushaltsgeräte oder Heimtextilien im Programm. Vieles ist aus natürlichen Materialien gefertigt. Wunderschön etwa die Notizbücher mit Blümcheneinband. Marina La Palma s/n • www.natura selection.com

SERVICE

AUSKUNFT

Oficina de Turismo   ▸ S. 85, südl. a 4

Plaza de la Constitución 4 • Tel. 9 22 41 52 48 • www.visitlapalma.es • Mo–Fr 9–14 und 16.30–19.30, Sa, So und feiertags 9–14 Uhr

Ausflüge
◎ Caldera de Taburiente

▸ S. 150, B/C 2

Bis über 2000 m hohe Felswände umgeben den riesigen Kessel im Zentrum der Insel. Die indigene Bevölkerung nutzte ihn als natürliche Festung im Kampf gegen die Spanier. Heute ist das als Nationalpark ausgewiesene Gebiet ein Paradies für Wanderer. Wer wenig Zeit mitbringt, kann vom Bergsattel **La Cumbrecita** einen unvergesslichen Blick in die Caldera und auf den höchsten Berg La Palmas, den Roque de Los Muchachos, mit seinen wei-

📷 FotoTipp

LA CUMBRECITA

Aussichtspunkte wirken am schönsten mit Menschen im Vordergrund, die das Panorama genießen. Der in Stufen angelegte Lomo de Las Chozas bietet Ihnen die Möglichkeit, aus der Vogelperspektive hinab auf die vordere Terrasse zu fotografieren. ▸ S. 88

ßen Teleskopen werfen. Vom Parkplatz läuft man 20 Minuten zur Aussichtskanzel **Lomo de Las Chozas**. In der Regel wird La Cumbrecita im Rahmen eines organisierten Ausflugs besucht, denn die Zufahrt für Mietwagen ist eingeschränkt. Man muss ein Zeitfenster via Internet (www.reservasparquesnaciona les.es) reservieren oder mit langen Wartezeiten rechnen, die man im Nationalpark-Besucherzentrum bei El Paso überbrückt.
25 km westl. von Santa Cruz de La Palma

◉ Fuencaliente   ▸ S. 151, F 2

1800 Einwohner
Junge Vulkane umgeben den Ort im Süden von La Palma, der in 650 m Höhe liegt und malerisch von Weinreben gesäumt wird. Die Eruption des Teneguía 1971, einer der Vulkane in der Nähe des Ortes, war die vorerst letzte auf den Kanaren. Ein halbstündiger Spaziergang auf dem Kraterrand des **Volcán de San Antonio** verschafft den besten Eindruck von Lavaströmen und Schlackekegeln. Der Weg ist mautpflichtig (3,50 €, Kinder frei). Nebenan informiert ein Besucherzentrum.
29 km südl. von Santa Cruz de La Palma

EINKAUFEN

Bodegas Carballo
Das Weingut produziert einen süßen Dessertwein aus der Malvasierrebe, die im trockenen Vulkanboden bei Fuencaliente bestens gedeiht. Neben diesem Traditionstropfen sind auch leichtere Tischweine im Angebot. Carretera de Las Indias 44 • www. bodegascarballo.com • tgl. 11–20 Uhr

◉ Los Tilos   ▸ S. 150, B 2

Im regenreichen Nordosten La Palmas gedeiht der üppigste Lorbeerwald der Kanaren. Das Gebiet von Los Tilos wurde 1983 von der UNESCO als Kernzone eines Biosphärenreservats, das inzwischen die gesamte Insel umfasst, unter Schutz gestellt. Ein Besucherzentrum (tgl. geöffnet, Eintritt frei) informiert über Flora und Fauna. An der Infohütte La Portada beginnt ein Naturlehrpfad, der rund zwei Stunden in Anspruch nimmt.
25 km nördl. von Santa Cruz de La Palma

◉ Mazo   ▸ S. 151, D 2

4900 Einwohner
Besonders sehenswert im Ort sind die auf das Jahr 1512 zurückgehende **Iglesia San Blás**, die mit einem kunstvoll geschnitzten Altar aufwartet, und die **Casa Roja**, eine stuckverzierte Villa, die ein Stickereimuseum beherbergt. Die örtlichen Stickerinnen verkaufen ihre Erzeugnisse auf dem Wochenendmarkt in der großen Markthalle, der stets zahlreiche Besucher anzieht.
– Stickereimuseum: Mo–Sa 10–14 Uhr • Eintritt 2 €, Kinder 0,75 €
– Markthalle: Sa 9–16, So 9–13 Uhr
19 km südl. von Santa Cruz de La Palma

EINKAUFEN
El Molino

La Palmas berühmteste Keramik-
werkstatt ist in einer ehemaligen
Getreidemühle untergebracht. Be-
treiber Ramón Barreto, seine Frau
Vina und seine Mitarbeiter kopie-
ren mit großem Geschick und un-
glaublicher Perfektion altkanarische
Töpferwaren anhand von Original-
fundstücken.
Hoyo de Mazo, Ctra. LP-2 • Mo–Sa
9–13 und 15–19 Uhr

◎ San Nicolás   ▶ S. 151, D 3
600 Einwohner

Die Ortschaft San Nicolás liegt
inmitten von sonnenverwöhnten
Weinbergen. Berühmt und viel be-
sucht ist der Dorfplatz **La Glorieta**
(ausgeschildert ab LP-211 Richtung Todoque), den der palmerische
Künstler Luís Morera (geb. 1946 in
Santa Cruz) gestaltete. Mit bunten
Fliesenmosaiken, die er fantasievoll
zu Bänken, Brunnen und Rand-
mauern für Blumenbeete arran-
gierte, gelang ihm die harmonische
Verschmelzung von Kunst und
Natur. Gleich nebenan informiert
die **Casa Museo del Vino** über den
Weinbau und lädt zur Probe ein.
Casa Museo del Vino: Mo–Fr 9.30–16
(Juli–Sept. bis 15), Sa 9.30–14 Uhr •
Eintritt 1,50 €
30 km südwestl. von Santa Cruz
de La Palma

ESSEN UND TRINKEN
Bodegón Tamanca

Urige Weinstube • In einem alten,
aus dem Vulkanberg geschlagenen
Kellergewölbe wird der hauseigene
Wein ausgeschenkt. Dazu schme-
cken einfache Gerichte wie Ziegen-
käse oder Fleisch vom Grill.
Carretera LP-2 • Tel. 9 22 49 41 55 •
Di–Sa 11–23, So 11–18 Uhr • €

Mit einfachen Werkzeugen und ganz ohne Töpferscheibe wird in der Keramikwerk-
statt El Molino (▶ S. 89) altkanarische Töpferkunst wieder zum Leben erweckt.

Abstecher Madeira

Eine Schiffsreise zu den Kanaren führt häufig auch nach
Madeira, der Blumeninsel, die dem Archipel in vieler
Hinsicht ähnlich und doch ganz anders ist.

◄ Heute eine Touristenattraktion: Korb-
schlittenfahrt in Monte (▸ S. 95).

Während die Kanaren im 15. Jh. zu
Spanien kamen, wurde Madeira von
Portugiesen besiedelt. Ähnlich wie
Teneriffa entwickelte sich die Insel
schon im 19. Jh. zum bevorzugten Winterreiseziel für eine wohl-
habende Klientel. Sogar der europäische Hochadel war vertreten, etwa
durch Kaiserin Elisabeth (»Sisi«) von
Österreich. Bis heute haftet Madeira
das Image der Exklusivität an. Aber
auch landschaftlich hat die Insel,
die wie die Kanaren vulkanischen
Ursprungs ist, einiges zu bieten.
Dank hoher Niederschläge in den
Bergen, die durch Levadas (Was-
serkanäle) an die trockene, milde
Südküste geleitet werden, gedeiht in
den Gärten eine Fülle tropischer
Gewächse. Deshalb ist der fast schon
überstrapazierte Begriff »Blumeninsel« eben doch gerechtfertigt.

Funchal

112 000 Einwohner
Stadtplan ▸ S. 93
Wunderschön ist Funchal vom Meer
her anzusehen. In der weit ge-
schwungenen Bucht stapeln sich
Häuser mit leuchtend roten Ziegeldächern die steilen Hänge hinauf
bis an einen dunklen Waldrand,
über dem in den Mittagsstunden oft
Nebel aufzieht, während an der
Küste die Sonne scheint. An wolken-
freien Tagen schaut man bis weit
ins Inselgebirge hinauf. Funchal ist
eine Stadt mit Flair, mit gepflegten
üppig grünenden und bühenden
Parkanlagen, die alle Blütenträume
wahr werden lassen, interessanten
Baudenkmälern und lebendiger,
kosmopolitischer Atmosphäre.

HAFEN

Viele Kreuzfahrtschiffe legen am
Cais da Pontinha, der Außenmole,
an. Von dort sind es ungefähr 2 km
bis zur Avenida do Mar, Funchals
Uferstraße. Die am Schiff wartenden
Taxis fahren nicht gerne nur in die
Stadt, sondern hoffen auf Inselrund-
fahrten. Als Alternative bieten sich
Tuk-Tuks an (5 € für die Fahrt bis
zur Innenstadt).
www.portosdamadeira.com

SEHENSWERTES

Blandy's Wine Lodge   ▸ S. 93, b 3
Zu den englischen Winzern, die den
Madeirawein früher entscheidend
prägten, zählt die Familie Blandy.
Diese betreibt in ihrer historischen
Weinkellerei ein Museum. In den
Probierstuben kann man die Weine
testen und auch kaufen.
Av. Arriaga 28 • www.blandyswine
lodge.com • Mo–Fr 10–18.30, Sa 10–
13 Uhr • Führungen auf Deutsch
mehrmals tgl. nach Bedarf • 30 Min.
3,30 €, 45 Min. 5,50 €

Jardim Botánico   ▸ S. 93, nordöstl. c 1
Madeiras Botanischer Garten wurde
auf dem Gelände eines alten Her-
renhauses angelegt, dessen üppiger
Park ebenso zu besichtigen ist wie
verschiedene Abteilungen, die sich

 **FotoTipp**

FUNCHAL BEI NACHT

Bei Nacht bietet die Stadt mit ihren
vielen Lichtern einen romantischen
Anblick. Falls Sie kein Stativ zur Hand
haben, wählen Sie hohe Lichtemp-
findlichkeit und kleinste Blendenzahl.
Atmen Sie vor dem Abdrücken aus, um
Verwacklungen zu vermeiden. ▸ S. 91

Orchideen, Kakteen und der wilden Inselflora widmen. Wunderbar ist der Blick von der Café-Terrasse. Caminho do Meio (2 km nordöstl. von Funchal) • tgl. 9–18 Uhr • Eintritt 5,50 €

Sé Catedral ▸ S. 93, b 2

Um 1500 entstand die Kathedrale als Repräsentativbau, um Seefahrer aller Nationen, die in Funchal Station machten, zu beeindrucken. Die holzgeschnitzte Decke stammt noch aus den Gründungsjahren, sie gilt als schönste ihrer Art in ganz Portugal. Beeindruckend üppig mit Gold verziert sind die Barockaltäre. Largo da Sé • Mo–Fr 9–12 und 16–17.30, Sa 17–19, So 8–10 und 12–17.30 Uhr

MUSEEN

Casa-Museu Frederico de Freitas ▸ S. 93, a 1

Das Stadthaus aus dem 17. Jh. beherbergt eine Privatsammlung zu unterschiedlichen Themen, darunter alte Stiche und Zeichnungen der Stadt. Calçada de Santa Clara 7 • Di–Sa 10–17.30 Uhr • Eintritt 3 €

CR 7 Museu ▸ S. 93, a 3

Weltfußballer und Europameister Cristiano Ronaldo hat auf seiner Heimatinsel ein eigenes Museum errichtet, in dem er seine Trophäen und zahlreiche Fotos aus seiner Spielerkarriere präsentiert. Av. Sá Carneiro • www.museucr7.com • Mo–Sa 10–18 Uhr • Eintritt 5 €, Kinder bis 9 Jahre frei

Museo de Arte Sacra ▸ S. 93, b 2

Um das Jahr 1500, als der Zuckerexport nach Antwerpen florierte, gelangten im Gegenzug wertvolle flämische Gemälde nach Madeira. Außerdem werden portugiesische Barockkunst und der Kirchenschatz der Kathedrale gezeigt. Rua do Bispo 21 • www.museuarte sacrafunchal.org • Di–Sa 10–12.30 und 14.30–18, So 10–13 Uhr • Eintritt 3 €

Quinta das Cruzes ▸ S. 93, a 3

Die Villa (15. Jh.) bewohnte einst der Lehnsherr der Insel. In den Räumlichkeiten sind Mobiliar, Porzellan und Gemälde aus vornehmen Haushalten früherer Zeiten zu sehen. Im prächtigen Garten gedeihen Zierbananen, Drachenbäume und Orchideen. Dazwischen stehen Wappensteine und reich dekorierte Fenster, die ein Privatsammler beim Abriss historischer Gebäude retten konnte. Cafeteria mit Blick über die Stadt. Calçada do Pico 1 • www.museu quintadascruzes.com – Museum: Di–So 10–12.30 und 14–17.30 Uhr • Eintritt 3 €, So frei –Garten: tgl. 10–17.30 Uhr • Eintritt frei

SPAZIERGANG

Stadtplan ▸ S. 93

Hinter der **Marina**, dem Jachthafen von Funchal, erhebt sich der ehemalige Gouverneurssitz **Palácio de São Lourenço**. Bronzekanonen bewachen seine Hafenfassade. Folgen Sie der Avenida do Mar Richtung Westen. Treppenstufen führen zum **Parque de Santa Catarina** hinauf, wo zu jeder Jahreszeit Korallen- und Tulpenbäume feuerrot blühen. Vom oberen Rand des Parks gelangen Sie auf der Avenida do Infante zurück Richtung Innenstadt. Ihre Verlängerung, die **Avenida Arriaga**, ist der Fußgängerboulevard der Stadt. An

ihn grenzt seitlich der **Jardim Muni-cipal**, ein dschungelartiger Stadt-park. Geradeaus sehen Sie schon die **Sé Catedral**. Im Häuserblock rechts davor befinden sich Stickereige-schäfte. Im Umfeld der Kathedrale bietet sich eine Pause in einem der Straßencafés an. Dann folgen Sie der Einkaufsstraße Rua do Aljube an einem kleinen Blumenmarkt vorbei. Nachdem Sie einen Kanal überquert haben, folgen Sie der Hauptstraße und gelangen zum **Mercado dos Lavradores**, der umtriebigen Markt-halle von Funchal mit einem Riesen-angebot an exotischem Obst. Von dort halten Sie sich Richtung Meer und biegen sogleich links in die Rua de Santa Maria und damit in die **Zona Velha** (Altstadt) ein. Kleine Lokale und Geschäfte säumen die Straße. Zweigen Sie vor einer Seil-bahn rechts ab zu deren Talstation an der neuen, künstlich angelegten **Praia do Almirante Reis**. Folgen Sie dann der Uferpromenade zurück zum Jachthafen.

Dauer: ca. 2 Std.

ESSEN UND TRINKEN

Marina Terrace ▶ S. 93, c 2

Fangfrischer Fisch • Der Klassiker am Jachthafen überzeugt seit über 20 Jahren. Hier lohnt es sich, »espada« (Degenfisch) zu probieren, die absolute Inselspezialität.

Marina do Funchal • Tel. 2 91 23 05 47 • tgl. ca. 11–22 Uhr • €€

O Regional ▶ S. 93, b 1

Gehobene Inselküche • O Regional ist eines der renommiertesten Altstadtlokale und versorgt seine Gäste mit kulinarischen Gaumenfreuden. Empfehlenswerte Gerichte sind etwa Reis mit Meeresfrüchten oder der für Madeira typische »espetada« (Rindfleischspieß).

Rua de D. Carlos I. 54 • Tel. 2 91 23 29 56 • tgl. ca. 12–22 Uhr • €€

⭐ MERIAN Tipp

CAFÉ DO TEATRO ▶ S. 93, a 2

Im Theatercafé geben sich Politiker, Unternehmer und Intellektuelle ein buntes Stelldichein auf hohem Niveau. Wer in Funchal dazugehören will, lässt sich hier blicken. Man hat die Qual der Wahl zwischen der Terrasse in der Fußgängerzone oder dem lauschigen Innenhof, um in Ruhe einen – übrigens hervorragenden – Kaffee oder ein kleines Mittagsgericht zu genießen. Eilige nehmen auch einfach im Stehen einen Drink im szenig gestalteten Barbereich. Am Wochenende gibt es abends, am Sonntag auch zum Brunch, oftmals Livekonzerte. Weitere Informationen finden sich bei Facebook.

Funchal, Av. Arriaga • Tel. 2 91 22 63 71 • tgl. 10–4 Uhr • €

EINKAUFEN

🌿 **Bio-Logos** ▶ S. 93, b 2

Winziger, engagiert geführter Supermarkt mit Öko-Produkten, etwa Obst. Besonders empfehlenswert ist der Bienenhonig von Madeira.

Rua Nova de São Pedro 34 • Mo–Fr 10–18 Uhr

D' Oliveiras ▶ S. 93, a 3

Wie in alten Zeiten reift edler Madeirawein hier noch in dunklen Eichenfässern. Im Shop lädt die Winzerfamilie zur Probe. Bemerkenswert sind die ehrwürdigen Jahrgangsweine, die in verstaubten Flaschen in den Regalen lagern.

Rua dos Ferreiros 107 • Mo–Fr 9–18, Sa 9.30–13 Uhr

Fábrica Santo António ▶ S. 93, a 2

Nostalgischer Fabrikverkauf von »bolo de mel« (Honigkuchen), dem traditionellen Weihnachtsgebäck, sowie weiteren süßen Spezialitäten.

Travessa do Forno 27

SERVICE

AUSKUNFT

Posto de Turismo ▶ S. 93, b 2

Av. Arriaga 16 • Tel. 2 91 21 19 02 • www.visitmadeira.pt • Mo–Fr 9–20, Sa, So und feiertags 9–15.30 Uhr

Ausflüge

◎ Curral das Freiras

2000 Einwohner

Das unwegsame »Nonnental« galt den Reisenden des 19. Jh. als Inbegriff der Romantik. Sie kamen zu Pferd oder ließen sich in der Sänfte tragen und beließen es meist beim Blick vom hoch über dem Talkessel schwebenden Aussichtspunkt **Eira do Serrado**. Dieser zieht auch die modernen Touristen in seinen Bann, die nebenan ein regelrechtes Souvenirkaufhaus finden. In den Ort selbst führt mittlerweile ein Tunnel. Von den namensgebenden Nonnen, denen das Tal einst gehörte, blieben Rezepte für Kuchen und Likör erhalten. Diese Köstlichkeiten werden traditionell aus Kastanien, Walnüssen und Kirschen hergestellt.

15 km nordwestl. von Funchal

◎ Monte ⭐

6700 Einwohner

Hoch über der Stadt Funchal und mit der Seilbahn erreichbar, ragt die **Igreja Nossa Senhora do Monte** auf. Das Bergheiligtum geht auf eine Marienerscheinung im 16. Jh. zurück. In einer Seitenkapelle wurde der letzte österreichische Kaiser beigesetzt, Karl von Habsburg, der auf Madeira 1922 im Exil verstarb. Unterhalb der Kirche starten die berühmten Korbschlitten, im 19. Jh. von englischen Weinhändlern, die hier ein Sommerhaus unterhielten, als schnelles Verkehrsmittel in die Stadt erfunden. Heute ist die Schlittenfahrt eine Touristenattraktion. Vor der Fahrt sollten sich nicht nur Gartenfreunde den **Jardim Tropical Monte Palace** nicht entgehen lassen, einen wunderbaren, weitläufigen Park mit skurriler Dekoration.

– Seilbahn: ab Zona Velha (Funchal), www.telefericodofunchal.com • tgl. 9–17.45 Uhr • einfache Fahrt 10 €, Kinder 5 €

– Schlittenfahrt: Mo–Sa 9–18, So 9–13 Uhr • pro Schlitten für 2 Pers. 30 €, an der Talstation Stadtbusanschluss

– Jardim Tropical Monte Palace: www.montepalace.com • tgl. 9.30–18 Uhr • Eintritt 10 €

5 km nördl. von Funchal

◎ Porto Moniz

1700 Einwohner

Der Ort im Nordwesten der Insel mit seinen berühmten Felsbadebecken, deren Wasser sich durch die Flut erneuert, ist Ziel organisierter Ausflugsfahrten. Unterwegs wird meist am **Cabo Girão** ein Zwischenstopp eingelegt, einer der höchsten Steilküsten der Welt. Aus 580 m Höhe schaut man von einer spektakulären Glasplattform senkrecht hinunter zum Meer. Dann folgt **Paúl da Serra**, eine je nach Wetterlage in Nebel getauchte oder sonnendurchflutete Hochebene. Auf der Rückfahrt ist der Aussichtspunkt **Véu da Noiva** an der brandungsumtosten Nordküste eine Pflichtstation.

51 km nordwestl. von Funchal

◎ Santana

3400 Einwohner

Bei der »Osttour«, die vielfach als organisierte Busrundfahrt angeboten wird, geht es über den **Pico do Arieiro** (1818 m) mit Panoramablick über Madeiras Bergwelt zur idyllischen Forellenzucht von **Ribeiro Frio**, die in einen riesigen Urwald aus Lorbeerbäumen eingebettet ist. In Santana selbst stehen noch zahlreiche fotogene, strohgedeckte Häuser, die einst auf der ganzen Insel verbreitet waren.

33 km nördl. von Funchal

EINKAUFEN

Café Relógio

Oft wird auf dem Weg nach Santana auch der Korbflechterort Camacha angefahren. Die Korbwaren werden zentral im Café Relógio vermarktet – 1300 verschiedene Artikel.

Camacha, Largo da Achada • www.caferelogio.com • tgl. 9–21 Uhr

Abstecher Lissabon

Unter den Kreuzfahrtzielen rund um die Kanarischen Inseln
steht Lissabon mit an vorderer Stelle. Portugals quirlige
Hauptstadt zählt zu den attraktivsten Metropolen der Welt.

◄ Mit der Tram durch Lissabons (▸ S. 98) schmale Altstadtgassen.

Bei Kanarenkreuzfahrten führt häufig ein Abstecher nach Lissabon. Die Stadt liegt nicht unmittelbar am Atlantik. Vielmehr lebt sie von und mit dem Tejo, dem mit 1007 km längsten Fluss der Iberischen Halbinsel, der sich kurz vor der Mündung ins Meer trichterförmig erweitert. Schon in der Antike nutzten die Römer dieses spiegelglatte Gewässer als Ankerplatz. Heute ziehen sich die Hafenanlagen an beiden Flussufern über mehrere Kilometer hinweg.

Lissabon

475 000 Einwohner
Stadtplan ▸ Klappe hinten
Ein nostalgisches Flair besitzen die historischen Stadtviertel am Tejo. Altertümliche Straßenbahnen und Aufzüge erschließen die angrenzenden Hügel. Im maurisch anmutenden Gassengewirr der Alfama und im lebhaften Bairro Alto wird ein Lebensstil gepflegt, der andernorts in Europa längst verloren gegangen ist. Noble Einkaufsmeilen prägen in der Unterstadt, der Baixa, und im Intellektuellenviertel Chiado das Bild. Im Vorort Belém residierten einst die Könige. Aber Lissabon präsentiert sich auch modern, etwa im 1998 errichteten EXPO-Park.

HAFEN

Die meisten Kreuzfahrtschiffe legen beim Ponte 25 de Abril, einer der beiden Tejo-Brücken, an. Dort befindet sich das Empfangsgebäude Alcântara. Manche Reedereien setzen Shuttle-Busse zur Innenstadt ein. Ansonsten stehen Taxis bereit, oder Sie laufen etwa 500 m bis 1 km

bis zur Station des Vorortzugs, der ca. alle 15 Minuten Richtung Cais do Sodré (nahe dem Stadtzentrum) verkehrt. Weitere Liegemöglichkeiten bestehen vor dem Altstadtviertel Alfama bei Terminal A (Santa Apolónia) und dem weiter östlich gelegenen Terminal B (Jardim do Tabaco), von wo aus die Innenstadt jeweils bequem zu Fuß erreichbar ist. Bei Santa Apolónia besteht Metro-Anschluss. Ein Tagesticket für Metro, Straßenbahn und Bus kostet 6 €. www.portodelisboa.pt

SEHENSWERTES

8 Belém ▸ Klappe hinten, westl. a 6
Hier starteten die Portugiesen im 15. Jh. zu ihren Seereisen nach Madeira und später nach Brasilien und rund um Afrika bis nach Indien. Daran erinnert der **Padrão dos Descobrimentos**, ein 1960 errichtetes Denkmal mit den Skulpturen von Heinrich dem Seefahrer und den Entdeckungsfahrern Vasco da Gama und Bartolomeu Diaz. Der Wachturm **Torre de Belém** sicherte die Hafeneinfahrt. Sein 35 m hohes Flachdach ist heute als Aussichtsplattform zugänglich. Höhepunkt eines Besuchs in Belém ist die Besichtigung des **Mosteiro dos Jerónimos**, des ehemaligen Hieronymitenklosters, dessen Grundstein König Manuel I. 1502 legte. Die Steinmetzverzierungen an den Wänden des Kreuzgangs erzählen von der damaligen Bedeutung Portugals, das den Handel mit Asien kontrollierte und immensen Reichtum erlangte. Das Kloster, heute UNESCO-Welterbe, gilt als Hauptwerk der Emanuelinik, eines Baustils, der in Portugal den Übergang von der Gotik zur Renaissance markiert.

Torre de Belém und Mosteiro dos Jerónimos (6 km westl. von Lissabon): www.mosteirojeronimos.pt • Mai–Sept. Di–So 10–18.30, Okt.–April Di–So 10–17.30 Uhr • Eintritt 12 € (Kombiticket), 6 € (nur Turm), 10 € (nur Kloster), Kinder frei

 ## FotoTipp

ROSSIO: LISSABONS BAHNHOF

Die hufeisenförmigen Eingänge des neomanuelinischen Bahnhofs am zentralen Platz drängen sich als Fotomotive geradezu auf. Richtig schick werden die Bilder, wenn sich gegenüberliegende Gebäude in den Glasscheiben spiegeln. ▶ S. 99

Castelo de São Jorge

▶ Klappe hinten, d 4

Die mittelalterliche Burg, heute eine romantische Ruine mit Park, thront über der Altstadt von Lissabon. Der Aufstieg lohnt allein schon wegen des großartigen Blicks von den Wehrmauern. In der weitläufigen Anlage gibt es viel zu entdecken, etwa die ältesten archäologischen Funde der Stadt (7. Jh. v. Chr.) oder ein Museum mit Exponaten aus der maurischen Epoche.
www.castelodesaojorge.pt • März–Okt. 9–21, Nov.–Feb. 9–18 Uhr • Eintritt 8,50 €, Kinder 5 €

Catedral de Lisboa (Sé)

▶ Klappe hinten, d 5

Lissabons Kathedrale datiert von 1147. Gleich nach der Reconquista entstand das Gotteshaus auf den Grundmauern einer maurischen Moschee. Der wuchtige spätromanische Bau erhielt ein Tonnengewölbe und eine umlaufende Galerie im

südfranzösischen Stil. Im frühgotischen Kreuzgang sind römische Ausgrabungen zu sehen.
Largo da Sé
– Kathedrale: Mo–Sa 9–19, So 9–20 Uhr
– Kreuzgang: Mai–Sept. Mo–Sa 10–19, So 14–19, Okt.–April Mo–Sa 10–18, So 14–18 Uhr • Eintritt 2,50 €, Kinder frei

Parque das Nações 🎠🎡

▶ Klappe hinten, nordwestl. f 1

Zur 1998 in Lissabon stattfindenden EXPO entstand der Freizeitpark am Tejo-Ufer. In den ehemaligen Weltausstellungspavillons und zugehörigen Gartenanlagen werden heute Konzerte gegeben, finden Kongresse und Sportveranstaltungen statt. Ein Einkaufszentrum mit über 160 Geschäften ist am Wochenende absoluter Besuchermagnet. Die Fahrt mit einer Schwebebahn quer über das Gelände verschafft den besten Überblick. Hauptattraktion ist der **Oceanário de Lisboa**, eines der größten Meerwasseraquarien Europas.
Metro: Oriente
– Einkaufszentrum: www.portaldas nacoes.pt • tgl. 9–24 Uhr
– Oceanário: www.oceanario.pt • tgl. 10–19 (Sommer bis 20) Uhr • Eintritt 14 €, Kinder 9 €

MUSEEN
Museu Nacional do Azulejo

▶ Klappe hinten, nordöstl. f 2

Das vielleicht interessanteste Museum der Stadt, untergebracht im Kloster Madre de Deus (1508), dokumentiert die Geschichte der für Portugal so typischen Fliesenkunst. Vom 16. bis ins 20. Jh. hinein wandelten sich Herstellungstechniken und Motive. Die aufwändigsten Bilder aus »azulejos« entstanden während der Barockzeit.

Rua Madre de Deus 4 • Metro: Restauradores, dann Bus 759 • www.museudoazulejo.pt • Di–So 10–18 Uhr • Eintritt 5 €, Kinder 2,50 €

SPAZIERGANG

Stadtplan ▶ Klappe hinten

Starten Sie an der **Praça do Comércio**. Die Arkaden ehemaliger Handelskontore säumen den Platz, vor dem in früheren Zeiten die mit wertvoller Fracht aus Übersee beladenen Segelschiffe anlegten. Im 1778 gegründeten Eckcafé **Martinho da Arcada** war der große portugiesische Schriftsteller Fernando Pessoa (1888–1935) Stammgast. Sie verlassen den Platz landeinwärts durch den **Arco Monumental**, einen gewaltigen Triumphbogen, und betreten die **Baixa**, die Unterstadt. Nach dem verheerenden Erdbeben 1755 ließ Minister Pombal die Unterstadt völlig umgestalten, er ließ rasterförmige Straßenzüge anlegen und vornehme Geschäftshäuser errichten. Geradeaus führt Sie die **Rua Augusta**, an der sich bis heute feine Läden reihen, zum **Rossio**. An dem geräumigen Platz schlägt das Herz von Lissabon. Hier lohnt die Einkehr in einem der Traditionscafés, etwa der Pasteleria Suiça oder dem Nicola, das sogar eine eigene Kaffeemarke hervorgebracht hat. Nachdem Sie das schwarz-weiße Pflastermosaik auf dem Platz gebührend bewundert haben, wenden Sie sich durch die frühere **Rua do Ouro** (heute Rua Áurea), die Straße der Goldschmiede, zum **Elevador de Santa Justa**. Ein Schüler von Gustave Eiffel schuf den filigranen Eisenaufzug, der seit 1902 die Baixa mit dem

Stadtteil **Chiado** verbindet. Fahren Sie hinauf und unternehmen Sie einen kurzen Abstecher nach rechts zum **Miradouro São Pedro de Alcântara**, wo sich ein fantastischer Panoramablick über die Stadt bietet. Anschließend schlendern Sie zurück durch die Rua do Carmo zur **Rua Garrett**, der schicken Einkaufsstraße des Chiado. Vor dem A Brasileira, einem nostalgischen Literatencafé, erinnert eine Bronzefigur an Fernando Pessoa. In westlicher Richtung gelangen Sie in das Kneipenviertel **Bairro Alto**, wo Sie auf den **Elevador da Bica** treffen, eine alter-

MERIAN Tipp

ELÉCTRICO 28 ▶ Klappe hinte, e 4

Ein besonderes Vergnügen nicht nur für Fans historischer Straßenbahnen ist die Fahrt mit dem Eléctrico 28. Eingerichtet wurde die Linie um das Jahr 1900. Für die Bewohner des Altstadthügels von Lissabon ist die Bahn nach wie vor das Verkehrsmittel der Wahl. Von der **Praça do Comércio** geht die Fahrt steil hinauf durch enge Gassen der **Alfama**, an der Kathedrale und dem **Miradouro de Santa Luzia** vorbei zum recht ursprünglichen Viertel **Graça**. Abwärts rattern die Waggons dann durch die verwinkelte **Mouraria**. Der Name des Quartiers verweist auf die maurischen Gründer. Schließlich erreicht die Bahn an der Endstation **Martim Moniz** wieder ebenes Terrain. Zu Fuß gelangt man von hier sogleich in die angrenzende **Baixa**, die Unterstadt.

Lissabon • www.carris.pt • tagsüber ca. alle 10 Min., Fahrzeit 15 Min. • Bordticket 2,85 €, Umsteigen nicht möglich

tümliche Standseilbahn, die Sie hinab zur Rua de São Paulo bringt. Gehen Sie links, um entlang der Rua do Arsenal zur Praça do Comércio, dem Ausgangspunkt des Spaziergangs, zurückzukehren.
Dauer: 2 Std.

ESSEN UND TRINKEN

Casa do Leão   ▶ Klappe hinten, d 4

Auf die feine Art • Im Burgrestaurant wird beste portugiesische Küche gepflegt. Zudem eröffnet sich ein wunderbarer Blick über die Stadt, was das kulinarische Vergnügen noch einmal steigert. Für abends unbedingt reservieren!
Castelo de São Jorge • Tel. 218 87 59 62 • www.pousadas.pt • tgl. 12.30–15 und 20–22.30 Uhr • €€€

Cervejaria Trindade
▶ Klappe hinten, c 4

Traditionsbierkeller • In der »Bierschenke zur Dreifaltigkeit« werden den Gästen zum Fassbier der Brauerei Sagres im Speisesaal eines ehemaligen Klosters Meeresfrüchte oder deftige Steaks serviert.
Rua Nova da Trindade 20 • Tel. 2 13 42 35 06 • www.cervejariatrindade. pt • So–Do 12–24, Fr, Sa und vor Feiertagen 12–1 Uhr • €€

Solar dos Presuntos
▶ Klappe hinten, c 4

In Familienbesitz • Das alteingesessene Lokal in der »Fressgasse« von Lissabon bietet bodenständige Hausmannskost, wie etwa Stockfisch »Gomes de Sá«, Entenreis oder »cozido« (Fleischeintopf).
Rua das Portas de Santo Antão 150 • Tel. 2 13 42 42 53 • www.solardos presuntos.com • Mo–Sa 12–15.30 und 19–23 Uhr • €€

EINKAUFEN

Fábrica Sant 'Anna   ▶ Klappe hinten, b 5

Shop des Traditionsherstellers für »azulejos«, die typischen portugiesischen Fliesen, die man hier in all ihren dekorativen Varianten käuflich erwerben kann.
Rua do Alecrim 95 • www.santanna. com.pt

Santos Ofícios   ▶ Klappe hinten, b 5

Kunsthandwerk garantiert aus Portugal. Alles, was im Land Tradition hat, ist hier erhältlich: Keramik, Holzschnitzereien, Produkte aus Kork, Stickerei- und Webarbeiten.
Rua da Madalena 87 • www.santos oficios-artesanato.pt

SERVICE

AUSKUNFT
Lisboa Welcome Center
▶ Klappe hinten, d 6

Rua do Arsenal 15 (Praça do Comércio) • Tel. 2 10 31 28 10 • www.askme lisboa.com • tgl. 9–20 Uhr

Ausflüge
◎ Cascais

33 000 Einwohner

Lissabons Badeort liegt an der milden **Costa do Estoril**, die an die Riviera erinnert. Malerisch präsentiert sich die Altstadt mit Boutiquen und Cafés rund um den Hafen. Eine 2 km lange Strandpromenade verbindet Cascais mit dem östlich benachbarten, exklusiven Seebad **Estoril**, wo ehrwürdige Nobelhotels an vergangene Zeiten erinnern, als hier der europäische Hochadel, das angenehme Klima genießend, zur Sommerfrische abstieg.
25 km westl. von Lissabon • Zug: Linha de Cascais, ab Cais do Sodré, ca. alle 15 Min., Fahrzeit 30 Min.

Für Badevergnügen suchen die Hauptstädter den nahe gelegenen Küstenort Cascais (▸ S. 100) auf, der mit einem langen Sandstrand auf Sonnenhungrige wartet.

◎ Sintra

9300 Einwohner

Der pittoreske Ort in den gleichnamigen Bergen diente vom 14. Jh. bis zum Ende der Monarchie 1910 den portugiesischen Königen als Sommerresidenz. Mit seinen kegelförmigen Kaminen ist der ehemalige königliche Palast **Paço Real** (heute Palácio Nacional de Sintra und im Besitz des Staates) das Wahrzeichen von Sintra. König Manuel I. ließ im 16. Jh. die holzgeschnitzten Decken im maurischen Stil einziehen und die Wände mit Sevillaner Fliesen verkleiden. In der waldreichen **Serra de Sintra** hoch über der Stadt legten Adelige im 19. Jh. Schlösser mit Landschaftsgärten an, etwa den bizarren **Palácio da Pena**, den der deutsche Prinzgemahl von Königin Maria II. in Auftrag gab.

– Paço Real: www.parquesdesintra.pt • tgl. 9.30–17.30, Sommer bis 19 Uhr • Eintritt 10 €, Kinder 8,50 €
– Palácio da Pena: www.parquesdesintra.pt • April–Ende Okt. tgl. 9.45–19, sonst tgl. 10–18 Uhr • Eintritt 14 €, Kinder 12,50 €
25 km nordwestl. von Lissabon

Abstecher Andalusien

Wer in Andalusien an Land geht, erlebt eine reizvolle Vielfalt: Cádiz, am rauen Atlantik gelegen, wird für sein besonderes Licht gerühmt, mediterran hingegen präsentiert sich Málaga.

◄ Beliebter Treffpunkt in Cádiz: Plaza San Juan de Dios (▶ S. 104).

Sowohl Cádiz als auch Málaga gehören zu Andalusien und sind doch von ganz unterschiedlichem Charakter. Bei Seereisen von den Kanarischen Inseln ins Mittelmeer wird gerne ein Halt in einer der beiden Städte eingelegt, oder sie sind einfach reizvolle Ziele für Abstecher auf einer Kanarenrundfahrt.

Cádiz

124 000 Einwohner

Der alte phönizische Ankerplatz Cádiz zählt bis heute zu den bedeutendsten spanischen Häfen. Hier starten die Autofähren zu den Kanarischen Inseln, und es laufen Frachtschiffe und Fischtrawler ein. Der Ozean prägt das milde, auch im Sommer nicht zu heiße Klima.

HAFEN

In Cádiz legen Kreuzfahrtschiffe an der breiten Außenmole Muelle Alfonso XIII beim Hafengebäude (Estación Marítima) an. Dieses liegt in unmittelbarer Nähe der Plaza de España und der angrenzenden Altstadt. Nebenan an der Plaza de la Hispanidad starten zahlreiche Buslinien, u. a. nach Jerez de la Frontera. www.puertocadiz.com

SEHENSWERTES

Catedral de Cádiz

Von See her weithin sichtbar präsentiert sich die »neue Kathedrale« als Wahrzeichen der Stadt. Zwischen 1722 und 1838 entstand der barock-klassizistische Bau mit riesiger, goldgelber Kuppel, um die alte Kathedrale zu ersetzen, die heute noch nebenan steht. Der östliche Uhrturm

Torre del Reloj bietet einen exzellenten Blick. In der unter dem Meeresspiegel gelegenen Krypta wiederholt sich das Echo bis zu 15-mal. In der Casa de la Contaduría ist der reiche Domschatz ausgestellt.

Pl. de la Catedral • www.catedralde cadiz.com • Mo–Sa 10–20, So 13.30–20 (Winter jeweils bis 19) Uhr • Eintritt 5 €, Kinder 3 €

Torre Tavira 👁🍴

Der 34 m hohe Turm (18. Jh.) gehörte früher zu einem Handelshaus. Oben wachte ständig ein Ausguck, um den Hausherren frühzeitig über Schiffsankünfte zu informieren. Heute projiziert im Turm eine Camera obscura aktuelle Bilder aus den Straßen der Stadt auf einen Schirm. Sie werden (auch auf Deutsch) kommentiert.

C. Marqués del Real Tesoro 10 • www. torretavira.com • Mai–Sept. tgl. 10–20, Okt.–April tgl. 10–18 Uhr • Eintritt 6 €, Kinder 5 €

MUSEEN

Museo de Cádiz

Das Museum im ehemaligen Franziskanerkloster glänzt mit seiner archäologischen Abteilung, die zwei Marmorsarkophage aus phönizischer Zeit (5. Jh. v. Chr.) und eine Statue des römischen Kaisers Trajan (um 100 n. Chr.) enthält. In der Gemäldeabteilung werden Werke der flämischen Meister Jan van Eyck und Rubens wie auch bekannter spanischer Maler wie Murillo oder Zurbarán gezeigt.

Pl. de Mina s/n • www.museosde andalucia.es • Mitte Juni–Mitte Sept. Di–So 9–15.30, sonst Di–Sa 9–20.30, So 9–15.30 Uhr • Eintritt für EU-Bürger frei, sonst 1,50 €

⭐ MERIAN Tipp

EL PUERTO DE SANTA MARÍA

Wer so unkompliziert wie möglich von Cádiz nach El Puerto de Santa María gelangen möchte, nimmt die Personenfähre. Wie Bus und Bahn ist sie in den regionalen Verkehrsverbund integriert. In rascher Fahrt überquert der Katamaran die meist spiegelglatte Bucht zwischen den beiden Städten. El Puerto de Santa María ist der Ausfuhrhafen der Sherry-Region und gilt als heißer Tipp für den Genuss frischer Meeresfrüchte. An der Uferstraße Ribeira del Marisco reihen sich die »cocederos«, Buden, in denen die Köstlichkeiten einfach in Salzwasser gekocht und nach Gewicht auf die Hand verkauft werden.

Cádiz • www.cmtbc.com • Mo–Fr ca. alle 30 Min. ab etwa 8 Uhr, Sa, So und feiertags ca. alle 60 Min. ab ca. 11 Uhr, Fahrzeit 20 Min. • Fahrpreis pro Strecke 2,65 €

SPAZIERGANG

Starten Sie an der **Plaza de España**, wo ein Denkmal an die Cortes erinnert, eine Versammlung in Cádiz, die Spanien 1812 eine erste moderne Verfassung gab. Die Avenida del Puerto führt Sie an Parkanlagen entlang zur **Plaza San Juan de Dios** mit dem Rathaus, wo jeden Tag um 10 Uhr ein Glockenspiel mit einer Melodie des einheimischen Komponisten Manuel de Falla (1876–1946) erklingt. Durch die Calle Pelota gelangen Sie über die Plaza de la Catedral hinweg und weiter geradeaus durch die Calle Compañía zur **Plaza de las Flores**, wo Blumenstände auf Käufer warten. Hier bietet sich eine Pause in einem Straßencafé an, bevor Sie dem benachbarten **Mercado Central**, der Hauptmarkthalle von Cádiz, einen Besuch abstatten. Gehen Sie anschließend von der Plaza de las Flores Richtung Norden zur Calle Novena, die links zur **Calle Ancha** überleitet, der schönsten Einkaufsstraße der Stadt. Sie mündet in die Plaza San Antonio, die Sie überqueren. Geradeaus gelangen Sie zum Meer. Dort schließt linker Hand der **Parque Genovés** mit üppiger subtropischer Bepflanzung an. Rechts gelangen Sie durch die Avenida Carlos III zum **Baluarte de la Candelaria**, einem Bollwerk der einstigen Stadtmauer. Von hier führt die Alameda Apodaca zurück zum Hafen. Dauer: 2 Std.

ESSEN & TRINKEN
Balandro

Einzigartige Lage • Das feine Restaurant an der Meeresfront ist auf Fisch spezialisiert, der in fantasievollen und variantenreichen Zubereitungen daherkommt. Ein besonderes Geschmackserlebnis ist etwa Thunfisch mit geschmorten Pfefferschoten und Sardellen.

Alameda Apodaca 22 • Tel. 9 56 22 09 92 • www.restaurantebalandro. com • Di–Sa 13–16 und 20–24, So 13–16 Uhr • €€€

EINKAUFEN
Alándalus Club

Der trendige Laden hält Marmeladen, Honig, Fischkonserven und allerlei andere kulinarische Spezialitäten aus handwerklicher Produktion der Region bereit.

Calle Marqués de la Ensendada 13 • www.alandalusclub.com • Mo–Fr 9.15–14.15 und 18–21, Sa 9.30–14.30 Uhr

SERVICE
AUSKUNFT
Centro de Recepción de Turistas
Paseo de Canalejas s/n • Tel. 9 56 29
07 93 • www.cadiz.es • Sommer Mo–
Fr 9–19, Sa, So 9–17, Winter Mo–Fr
8.30–18.30, Sa, So 9–17 Uhr

Ausflüge
◎ **Jerez de la Frontera**
212 000 Einwohner
Nur 12 km vom Meer entfernt, ist
Jerez de la Frontera die größte Stadt
der Provinz Cádiz. Als Hauptstadt
des sogenannten Sherry-Dreiecks
liegt sie inmitten des Anbaugebiets.
Am Stadtrand befinden sich riesige
Weinkellereien, in denen Sherry und
Brandy in jahrzehntealten Eichenfässern reifen. Viele dieser Bodegas
öffnen ihre Tore auch für Besucher.
Zugleich gilt Jerez als Zentrum der
andalusischen Pferdezucht.
35 km nordöstl. von Cádiz

SEHENSWERTES
**Real Escuela Andaluza del Arte
Ecuestre** 👫
Die Hofreitschule pflegt die Kunst
der Pferdedressur auf höchstem
Niveau. An Tagen ohne Show kann
man Ställe und Museum besichtigen.
Av. Duque de Abrantes • www.real
escuela.org • Besichtigungs- und
Showtermine auf der Webseite •
Besichtigung kurz/lang 6,50/11 €,
Kinder 4,50/6,50 €, Show ab 21 €,
Kinder ab 13 €

EINKAUFEN
**Bodegas Tío Pepe – González
Byass**
Die meist besuchte Weinkellerei von
Jerez veranstaltet eineinhalbstün-
dige Führungen mit Probe.
C. Manuel María González 12 • www.
bodegastiopepe.com • Führungen
auf Deutsch Mo–Sa 12.15, 14, 17.15
(Nov.–Mai 16), So 12.15, 14 Uhr

Feria del Caballo, der große Pferdemarkt in Jerez de la Frontera (▶ S. 105), der im Mai
mit viel Pomp veranstaltet wird, ist nur eines der zahlreichen Events rund ums Pferd.

Der Hafen von Málaga (▸ S. 106) diente bereits den Phöniziern vor 3000 Jahren als Handelshafen. Heute ist er der zweitwichtigste Kreuzfahrthafen in Spanien.

Málaga

567 000 Einwohner

In der Metropole der Costa del Sol säumen Palmen und exotische Blütensträucher das Meeresufer. Der Badetourismus spielt sich außerhalb an den berühmten Stränden von Torremolinos und Marbella ab. Málaga selbst gehört vorwiegend den Einheimischen, die gerne auf der Hafenpromenade flanieren und abends temperamentvoll in den Weinstuben und Tascas (Kneipen) der engen Altstadtgassen feiern.

HAFEN

Die meisten Schiffe legen am Muelle de Levante an, einem ins Meer ragenden Passagierkai mit herrlichem Blick über die Bucht von Málaga und modernem Empfangsgebäude (Estación Marítima). Von dort ist die Innenstadt 3 km entfernt. So empfiehlt es sich, eines der immer bereitstehenden Taxis zu wählen. Ein zweiter Passagierkai liegt vor dem Stadtzentrum am Palmeral de las Sorpresas, einer parkartig gestalteten Promenade mit einem kleineren Terminal. www.puertomalaga.com

SEHENSWERTES

Alcazaba

Die trutzige Burg diente im Mittelalter als Wohnsitz der maurischen Herrscher. Mit mehreren Palästen und Patios und von einer wehrhaften Mauer umgeben zieht sie sich einen Bergrücken hinauf. Vom Hafen kann man per Aufzug zum oberen Bereich fahren und durch die verwinkelte Anlage zur Plaza de la Aduana am Stadtrand hinabsteigen. C. Alcazebilla 2 • www.alcazaba-info. com • April–Okt. Mo 9–20, Di–So 9–20.15, Nov.–März Mo 9–18, Di–So 8.30–19.30 Uhr • Eintritt 2,20 €, Kinder 0,60 €

Catedral de la Encarnación

Zu den beeindruckendsten Renaissancekirchen Andalusiens zählt die Kathedrale von Málaga (16.–18. Jh.). Herausragend sind hier die 42 geschnitzten Heiligenfiguren im Chor von dem berühmten Bildhauer des 17. Jh., Pedro de Mena, und die bestens erhaltenen Barockorgeln.

C. Molina Lario 9 • Mo–Fr 10–18, Sa 10–17 Uhr • Eintritt 5 €

Jardín La Concepción

Der subtropische Park gilt als eine der schönsten Gartenanlagen Spaniens. Die Üppigkeit seines Pflanzenbestands verdankt er der Lage in einem schattigen Tal, in dem sich das Wasser der nahe gelegenen Berge sammelt. Verschlungene Pfade führen zu romantischen Winkeln, etwa dem Triton-Teich mit einer Skulptur des griechischen Meeresgottes oder zum Mirador histórico, einem Aussichtspunkt mit Pergola. Ab 1855 ließ Graf Jorge Loring den Jardín La Concepción im englischen Landschaftsgartenstil anlegen.

5 km nördl. von Málaga • www.la concepcion.malaga.eu • tgl. 9.30–19.30, Okt.–März bis 16.30 Uhr • Eintritt 5,20 €, Kinder 3,10 €

MUSEEN

Fundación Picasso – Museo Casa Natal

In diesem Haus erblickte Pablo Picasso 1881 das Licht der Welt. Die Picasso-Stiftung zeigt Keramik, Gravuren und Buchillustrationen des Meisters und veranstaltet Wechselausstellungen mit Zeitgenossen von Picasso oder modernen Künstlern.

Pl. de la Merced 15 • www.fundacion picasso.es • tgl. 9.30–20 Uhr • Eintritt 3 € (inkl. Audioguide)

⭐ Museo Picasso Málaga (MPM)

Seit 2003 ist dem berühmtesten Sohn der Stadt das viel beachtete Museum gewidmet. Im ehemals herrschaftlichen Palacio de Buenavista zeigt es 155 Gemälde, Zeichnungen und Plastiken. Von realistischen Frauenporträts aus der Zeit um 1900 bis hin zu späten Gemälden aus den 1970er-Jahren sind alle Schaffensphasen vertreten.

C. San Agustín 8 • www.museo picassomalaga.org • Nov.–Feb. tgl. 10–18, März–Juni und Sept.–Okt. 10–19, Juli, Aug. 10–20 Uhr • Eintritt 7 €, Kinder frei

SPAZIERGANG

Ausgangspunkt ist die **Plaza de la Marina** am Hafen. Hier beginnt die **Calle Marqués de Larios**, die Prachtstraße von Málaga mit ehemaligen Adelspalästen. Hier warten schicke Geschäfte auf Kunden. Folgen Sie der Fußgängerzone in ihrer vollen Länge und biegen Sie dann links zur **Plaza de la Constitución** ab. An dem zentralen Altstadtplatz laden Straßencafés zur Einkehr ein. Durch die Calle Granada gelangen Sie zur barocken **Iglesia de Santiago**, der Taufkirche von Pablo Picasso. Gleich darauf stehen Sie an der **Plaza de la Merced**. Mit zahlreichen Cafés und Bars ist sie der Treffpunkt in Málaga schlechthin. Gehen Sie nun durch die unweit östlich beginnende Calle Alcazabilla und an der Alcazaba vorbei Richtung Meer. Dort treffen Sie auf den **Paseo del Parque**. An die Palmenallee grenzt der tropisch bepflanzte **Parque de Málaga**. Auf dieser Flaniermeile der Stadt können Sie den Spaziergang beenden.

Dauer: 1,5 Std.

ESSEN & TRINKEN
Mesón Astorga
Geheimtipp • Das Restaurant am Stadtrand suchen vorwiegend einheimische Gäste auf. Geboten werden regionale Küche und eine große Auswahl an Tapas.
C. Gerona 11 • Tel. 9 52 34 68 32 • www.mesonastorga.com • Mo–Sa 13–16.30 und 20–23.30 Uhr • €€€

Café Central
Mitten im Leben • Klassischer Treff im Stadtzentrum. Schon vor Jahrzehnten ließen sich hier Künstler und Poeten zum Kaffee oder Wein ein paar Tapas schmecken.
Plaza de la Constitución 11 • Tel. 9 52 22 49 72 • www.cafecentralmalaga. com • tgl. 8–24 Uhr • €

EINKAUFEN
Joyería Hago
Juweliergeschäft mit Werkstatt, die ausschließlich Silberschmuck nach eigenen Entwürfen fertigt. Häufiges Motiv ist die für Málaga charakteristische Jasminblüte.
Av. de Príes 7 • www.joyeriahago. com • Mo–Fr 10.30–14 und 17.30–20.30, Sa 10.30–14 Uhr

Mercado de Atarazanas
Málagas schönste, über 100 Jahre alte Markthalle bietet dem Besucher viel fürs Auge: exotische Früchte und Blumen von der Costa Tropical, Fisch und Meeresfrüchte frisch aus dem Hafen. Besonders schön als Mitbringsel sind Gewürze, Kapern oder Orangenblütentee. Das Südportal, das bereits aus dem 13. Jh. stammt, gewährte in maurischer Zeit Einlass zu einer Schiffswerft.
C. Atarazanas 8 • www.malaga.eu • Mo–Sa 8–15 Uhr

SERVICE
AUSKUNFT
Oficina Municipal de Turismo
Pl. de la Marina 11 • Tel. 951 92 60 20 • www.malagaturismo.com • März–Sept. tgl. 9–20, Okt.–Feb. 9–18 Uhr

Ausflüge
◎ Cueva de Nerja
Die berühmteste Tropfsteinhöhle weit und breit ist auf einem 1400 m langen Rundweg individuell zu besichtigen. Einst bewohnten Steinzeitmenschen die unterirdischen Säle und hinterließen bildliche Darstellungen von Pferden, Rindern und Fischen an den Wänden.
www.cuevadenerja.es • Sept.–Juni tgl. 9–16, Juli, Aug. tgl. 9–18.30 Uhr • Eintritt 10 €, Kinder 6 €
55 km östl. von Málaga

◎ El Torcal
Als zerklüfteter Felsengarten mit kühnen Felsnasen und schroff abgeschliffenen Kalksteinsockeln präsentiert sich die Karstlandschaft, die als Naturpark unter Schutz steht. Besonders beeindruckend ist das 1200 m hoch gelegene Plateau **Torcal Alto**, das sich im Winter schon einmal komplett in Nebel hüllen kann. Ein Besucherzentrum informiert über Flora und Fauna, wobei rund 30 Orchideenarten besondere Erwähnung verdienen. Verschiedenste Vogelarten leben von den Beeren der Büsche, die sich tapfer auf dem kargen Kalkgestein halten. Der 1,5 km lange Rundweg Ruta Verde (grün markiert, leicht bis mittelschwer, ca. 1 Std.) erschließt den Torcal Alto für Wanderer.
Besucherzentrum: tgl. 10–17 Uhr
68 km nordwestl. von Málaga

Geologisches Wunderwerk: Die eindrucksvollen Karstformationen im Naturpark El Torcal (▶ S. 108) lassen sich auf einem markierten Rundweg bestaunen.

◎ Mijas

8000 Einwohner

Malerisch liegt der Vorzeigeort, der zu den berühmten »weißen Dörfern« Andalusiens zählt, am Fuß eines schroffen Gebirgszugs auf 425 m über dem Meeresspiegel. Schriftsteller und Künstler entdeckten den charmanten Ort, der als eines der schönsten Bergdörfer an der Costa del Sol gilt, in den 1950er-Jahren. Heute kommen zahlreiche Tagesbesucher von der nahe gelegenen Costa del Sol ins Hinterland, um durch die engen Gassen von Mijas zu schlendern, die gepflegten weißen Häuser mit den roten Ziegeldächern und den lauschigen, blumengeschmückten Innenhöfen zu bewundern und die Kunsthandwerksläden nach originellen Souvenirs zu durchstöbern. Vom Aussichtsbalkon Mirador del Compas schweift der Blick weit über die Küstenlandschaft. Nebenan verehren die Dorfbewohner in der Höhlenkapelle Virgen de la Peña eine Madonnenfigur, die zwei Hirtenkinder im 17. Jh. hier gefunden haben sollen. 35 km südwestl. von Málaga

Abstecher Marokko

Ein Zwischenstopp in Tanger und Casablanca entführt den Kreuzfahrer in orientalische Welten, die mit einem faszinierenden Spektrum an Farben und exotischen Düften verzaubern.

◀ Die Mosquée Hassan II (▶ S. 115) ist ein Gotteshaus der Superlative.

Während die Kanarischen Inseln politisch, wirtschaftlich und kulturell zu Spanien zählen, gehört Marokko zur arabischen Welt. Aber auch der Einfluss Frankreichs, dem große Teile des Landes bis zur Mitte des 20. Jh. als Protektorat unterstanden, ist nicht zu übersehen. Nicht zuletzt manifestiert sich dies im häufigen Gebrauch des Französischen, das vor allem als Schriftsprache Verwendung findet.

Tanger

715 000 Einwohner

Einen unvergesslichen Anblick bietet die an einen Hügel geschmiegte weiße Altstadt, wenn man sich Tanger vom Meer her nähert. Bis 1956 hatte die Stadt internationalen Status, galt in Kriegszeiten als Treffpunkt von Geheimagenten und war später Hochburg der Beatniks, einer alternativen amerikanischen Literatengeneration. In dieser Tradition finden es heute viele Europäer und Amerikaner wieder schick, sich hier niederzulassen und zu leben, gleichsam an einer Schnittstelle zwischen den Kulturen.

HAFEN

2010 wurde der Hafen von Tanger für Frachtschiffe und die meisten Fähren gesperrt. Seither dient er fast ausschließlich touristischen Zwecken. Weitere Anlegemöglichkeiten für Kreuzfahrtschiffe und ein neues Empfangsgebäude werden demnächst an der verlängerten Außenmole entstehen. Die Innenstadt ist 500 m bis 1 km entfernt. Wer nicht zu Fuß gehen möchte, fährt mit dem Shuttlebus oder nimmt eines der beim Schiff wartenden blauen Petits Taxis, die per Taxameter abrechnen. www.anp.org.ma

SEHENSWERTES

Jardins de la Mendoubia

Der exotische Garten gehörte in der Zeit der internationalen Verwaltung zur Residenz des Mendoub, des Regenten von Tanger. Heute ist die städtische grüne Oase öffentlich zugänglich. Banyans, Feigenbäume aus Indien mit gewaltigen Luftwurzeln, säumen die Wege. Dem größten der Bäume wird ein Alter von 800 Jahren nachgesagt.

Rue Bouarrakia • Mo–Sa geöffnet

MUSEEN

Musée de la Kasbah

Der ehemalige Sultanspalast **Dar el-Makhzen** (17. Jh.) beherrscht die **Kasbah**, die Zitadelle an der höchsten Stelle der Medina (Altstadt). Heute beherbergt das Palastgebäude das 2016 neu gestaltete Museum der mediterranen Kulturen. Funde aus karthagischer und römischer Zeit sind hier ausgestellt, ebenso wie Exponate aus späteren Epochen, etwa ein vergoldetes und illustriertes Koran-Manuskript aus dem 13. Jh., Teppiche aus Rabat oder Seide aus Fez. Das Mosaik im arkadengesäumten großen Innenhof mit einer Darstellung der sich auf einer Schiffsreise befindenden Göttin Venus stammt aus der antiken römischen Stadt Volubilis. Im andalusisch anmutenden Garten stehen Brunnen unter Schatten spendenden Pergolen. Shop und Café eröffnen demnächst (Infos bei Facebook).

Sahat El Kasba • Mi–Mo 10–18 Uhr • Eintritt 20 Dh, Kinder 5 Dh

⭐ MERIAN Tipp

M'NAR PARK 👨‍👧

Die Kombination aus Wasser- und Vergnügungspark verspricht Spiel und Spannung für die ganze Familie abseits der üblichen touristischen Pfade. Ein riesiges Schwimmbecken hoch über dem Meer ist Markenzeichen des Parc Aquatique und lädt gemeinsam mit weiteren Pools und Rutschen zum Badespaß ein. Im Parc d'Attractions haben kleinere Kinder (ab sechs Jahren) Spaß an der Schiffsschaukel »Bateau Pirate« oder am Karussell »Aladdin«. Für größere Kinder und Erwachsene sind die schnellen Fahrgeräte interessanter, etwa »Le Dragon« oder die Achterbahn »Montagnes Russes«. Einen grandiosen Blick weit über die Bucht von Tanger bietet das Sunset Café.

Tanger, Route de K'sar Séghir • tgl. 8–18 Uhr, Pools nur Mitte Juni–Mitte Sept. • Eintritt 100 Dh, Kinder 50 Dh

SPAZIERGANG

Laufen Sie vom Hafen durch die Rue du Portugal am Südrand der Medina entlang zur Rue de la Plage und auf dieser rechts, so gelangen Sie zum **Grand Socco**, wo Markthändler Obst, Gemüse und Fisch anbieten. Darüber hinaus wird hier jeden Donnerstag und Sonntag Tangers großer Berbermarkt abgehalten. Dann verkaufen pittoresk gekleidete Bäuerinnen aus dem Rif-Gebirge Webdecken, Teppiche, bunte Tücher und riesige Strohhüte. Machen Sie nun einen Abstecher durch die breite Rue de la Liberté zum **Boulevard Pasteur**, einer Flaniermeile vom Beginn des 20. Jh., an der sich Luxusgeschäfte reihen. Gehen Sie anschließend zurück zum Grand Socco und durch das alte Stadttor **Bab Fahs** in die **Medina**. In deren unübersichtlichem Gassengewirr können die Dienste eines der Führer, die sich überall anbieten, hilfreich sein. Oder Sie gehen einfach geradeaus durch die Rue es-Siaghin zum **Petit Socco**, einem lebhaften Markt für Teppiche und Schmuck. In den hiesigen Cafés verkehrten seinerzeit die Beatniks. Sie passieren die **Grande Mosque**, die Hauptmoschee, und können durch das Tor **Bab El Bahr** die Medina zum Hafen hin verlassen.
Dauer: 1,5 Std.

ESSEN & TRINKEN
El Morocco Club
Raffinierte Küche • Seit Jahren eines der renommiertesten Restaurants in der Medina und sehr beliebt bei den hier ansässigen Franzosen. Einheimische Rezepte werden im mediterranen Stil verfeinert. Mit schattiger Terrasse und Piano-Bar.
1, Rue Kachla • Tel. 05 39 94 81 39 • www.elmoroccoclub.ma • Di–So 9–23.45 Uhr • €€€

Marhaba Palace
Altstadtpalast • Traditionelles Lokal mit lauschigem Garten. Oft begleiten Folkloregruppen das tadellose Essen. Serviert werden marokkanische Gerichte wie »tajine« (klassischer Schmortopf) oder »couscous«.
69, Rue Kasbah • Tel. 05 39 32 12 72 • tgl. geöffnet • €€

Café Hafa
Einzigartig • Das 1921 gegründete Café an der Steilküste ist Kult. Hier genoss und genießt die Prominenz aus Kulturszene und Showgeschäft –

Tennessee Williams über Truman Capote bis zu Mick Jagger – den wunderbaren Blick. Als Spezialität wird, wie könnte es in Tanger anders sein, heißer Minztee serviert.
Av. Hadi Mohammed Tazi • Mo–Fr 8.30–23, Sa, So 8.30–2 Uhr • €

SERVICE
AUSKUNFT
Office du Tourisme
29, Bd. Pasteur • Tel. 05 38 80 12 58 • www.visittanger.com • Mo–Sa 8.30–16.30 Uhr

Ausflüge
◎ Asilah
40 000 Einwohner
Das schmucke Küstenstädtchen am Atlantik ist von einer perfekt erhaltenen Festungsmauer umgeben, einem Bauwerk der Portugiesen, die Asilah im 15. Jh. als Stützpunkt für ihre Eroberungsfeldzüge in Ma-

rokko ausbauten. Im Palais er-Raissouli residierte vor dem Ersten Weltkrieg ein gefürchteter Machthaber, der sich durch Überfälle auf Karawanen finanzierte. Heute dient der Palast als Kulturinstitut. Verschiedene bekannte Maler und Schriftsteller leben in Asilah und veranstalten jeden Sommer ein international beachtetes Festival. Vor der Stadt liegt eine Strandzone, in der Medina werden Häuser an Touristen vermietet.
31 km südwestl. von Tanger

◎ Chefchaouen
40 000 Einwohner
Jahrhundertelang galt Chefchaouen, malerisch im Rif-Gebirge gelegen, als heilige Stadt, zu der Christen keinen Zutritt hatten. Erst zu Beginn des 20. Jh. setzten spanische Protektoratstruppen die Öffnung durch. Die mittelalterliche Medina zählt

Malerische Gassen, Bogengänge, Hauswände und -türen mit exotischen Mustern entführen die Besucher von Chefchaouen (▶ S. 113) in Tausendundeine Nacht.

zu den schönsten ganz Marokkos. Viele Häuser sind in Schattierungen von Blau gestrichen, um den bösen Blick fern zu halten. Der Ort ist auch für sein Kunsthandwerk bekannt, insbesondere für Wollkleidung und Webdecken.

113 km südöstl. von Tanger

◉ Grotte d'Hercule

In der Höhle nicht weit vom Cap Spartel, dem Nordwestkap Afrikas, wo sich Atlantik und Mittelmeer treffen, soll der antike Held Herkules ausgeruht haben, nachdem er die Meerenge von Gibraltar geschaffen hatte. So will es zumindest die Legende. Der zum Meer gewandte, bei Flut überspülte Eingang der Höhle bildet – von innen betrachtet spiegelverkehrt – die Umrisse Afrikas ab.

Tgl. geöffnet • Eintritt 5 Dh
14 km westl. von Tanger

◉ Tétouan

350 000 Einwohner

Wegen des angenehm milden Klimas wählte das marokkanische Königshaus Tétouan als Sommerresidenz. Die UNESCO erklärte die weitläufige Medina mit ihren zahlreichen Werkstätten von Gold- und Silberschmieden, Schneidern, Gerbern, Töpfern und Tischlern zum Welterbe. Auch die spanischen Kolonialbauten im neomaurischen Stil sind sehenswert. Als Schnittstelle zwischen Alt- und Neustadt fungiert die lebhafte Place Hassan II.

57 km südöstl. von Tanger

Casablanca

3,3 Mio. Einwohner

Die Stadt verdankt ihren ganz speziellen Ruf dem gleichnamigen Film mit Ingrid Bergman und Humphrey Bogart, der während des Zweiten

In der Medina von Tétouan (▶ S. 114), seit 1997 UNESCO-Welterbe, wird traditionelles Handwerk gepflegt. Die handgefertigten Lederwaren sind ein edles Souvenir.

Weltkriegs spielt. Damals besaß der Hafen große strategische Bedeutung. Als bevölkerungsreichste und wirtschaftlich bedeutendste Metropole des Landes hat Casablanca ein überwiegend modernes Stadtbild, obwohl es natürlich auch hier eine Medina (Altstadt) gibt.

HAFEN

Casablancas riesiger Hafen wird vorwiegend von Containerschiffen und der marokkanischen Fischereiflotte genutzt. Kreuzfahrtschiffe liegen im Bassin du Tourisme, an der langen Außenmole (Fußweg zur Medina 15–20 Min.). Um weiter entfernte Ziele in der Stadt zu erreichen (z. B. das Quartier des Habous), empfiehlt sich ein rotes Petit Taxi für maximal drei Passagiere. Abgerechnet wird per Taxameter, innerstädtische Strecken kosten etwa 20 Dh. Bis zu sechs Passagiere passen in ein weißes Grand Taxi, das meist als Sammeltaxi für Überlandfahrten fungiert. Bei Komplettmiete ist der Preis Verhandlungssache.
www.anp.org.ma

SEHENSWERTES

🔟 Mosquée Hassan II

Die gewaltige, zwischen 1986 und 1993 errichtete Moschee beherrscht das Stadtbild Casablancas. Am flachen Meeresufer schiebt sie sich teilweise in den Atlantik vor, ihr Dach lässt sich großflächig öffnen. So wurden die drei lebenswichtigen Elemente Erde, Wasser und Luft nach dem Willen des Bauherren, König Hassan, eng miteinander verbunden. Rund 9 ha Fläche bedeckt die Moschee, bis zu 105 000 Gläubige finden in ihr Platz. Zwar ist die al-Haram-Moschee in Mekka noch größer, doch die Mosquée Hassan II verdankt ihrem 210 m hohen Minarett den Titel des höchsten Sakralbaus der Welt. Im Rahmen von Führungen ist die aufwändig mit kostbarem Kunsthandwerk dekorierte Moschee zu besichtigen. Sie darf nur ohne Schuhe und mit Kleidung, die Arme und Beine komplett bedeckt, betreten werden.
Av. Royale • www.fmh2.ma • Führungen Sa–Do 9, 10, 11, 14, Fr 9 und 14 Uhr, im Ramadan eingeschränkt • Eintritt 120 Dh, Kinder 30 Dh

Quartier des Habous

Am Südrand der Stadt legten die französischen Kolonialherren in den 1920er-Jahren eine neue Medina an, um der Wohnungsnot zu begegnen. Das Viertel wirkt fast ein wenig museal. Wer sich nicht in das Getümmel der alten Medina in Hafennähe stürzen, aber marokkanisches Flair schnuppern möchte, ist hier goldrichtig. Arkadengänge führen von einem Souk zum nächsten. Souvenirjäger werden in den zahlreichen Kunsthandwerksläden fündig. Auf dem Olivenmarkt werden die verschiedensten Qualitäten gleich in ganzen Fässern präsentiert.

MUSEEN

Musée du Judaïsme Marocain

Historischen und ethnografischen Aspekten des Zusammenlebens von Juden und Muslimen in Marokko widmet sich das 1977 eröffnete Museum. Die ständige Ausstellung zeigt traditionelles jüdisches Kunsthandwerk und Bekleidung.
81, Rue Chasseur Jules Gros • www.casajewishmuseum.com • Mo–Fr 10–18 (Winter bis 17), So 11–15 Uhr • Eintritt 50 Dh

Villa des Arts

Das Museum der Kulturstiftung ONA ist in einer repräsentativen Art-déco-Villa von 1934 untergebracht. In wechselnden Ausstellungen sind Werke zeitgenössischer marokkanischer Maler aus dem riesigen Fundus der Stiftung zu sehen. Aber auch internationale Kunst wird hin und wieder gezeigt. Schon wegen der außergewöhnlichen Architektur des Gebäudes und seines wunderschönen Gartens mit Springbrunnen und Palmen lohnt der Besuch.

30, Bd. Brahim Roudani • www. fondationona.ma • Di–Sa 9.30– 19 Uhr • Eintritt frei

SPAZIERGANG

Ausgangspunkt ist **Rick's Café** am Zugang zur langen Außenmole. Folgen Sie dem Boulevard des Almohades nach Osten. Rechter Hand liegt nun die **Medina** mit ihren verwinkelten Gassen, in der das Leben noch seinen traditionellen Gang geht. Biegen Sie vor dem Hafenbahnhof **Gare du Port** rechts in den Boulevard F. H. Boigny ein, der Sie zur **Place des Nations Unies** führt – dem modernen Verkehrsknotenpunkt der Stadt. Für Fußgänger gibt es einen Tunnel. Hier beginnt links der **Boulevard Mohammed V**, eine von Art-déco-Häusern aus französischer Zeit gesäumte Flaniermeile mit schicken Geschäften. Sie erreichen den **Marché Central**, den Zentralmarkt für Obst, Gemüse und Blumen. Stets herrscht hier buntes Treiben. Laufen Sie auf dem Boulevard zurück und schwenken Sie an der Place des Nations Unies links in die Avenue Hassan II ein. Sie durchqueren das Bankenviertel von Casablanca und stehen dann an der mondänen **Place Mohammed V**. Auch hier ist wieder französische Architektur mit arabischem Einschlag zu bewundern. Verwaltungsgebäude wie die ehemalige Präfektur mit Jugendstil-Uhrturm oder der Justizpalast gruppieren sich um einen Springbrunnen. In der angrenzenden gepflegten Gartenanlage klingt der Spaziergang aus, für den Rückweg zum Hafen empfiehlt sich ein Taxi.

Dauer: 1,5 Std.

ESSEN & TRINKEN

Rick's Café

Wie im Film • Dem Streifen »Casablanca« nachempfunden ist dieses elegante Lokal. Türsteher begrüßen den Gast, dezente Pianomusik erklingt. Auf der Speisekarte stehen marokkanische wie auch europäische Gerichte. Rauchen ist erlaubt.

148, Bd. Sour Jdid • Tel. 05 22 27 42 07 • www.rickscafe.ma • tgl. 12–15 und 18.30–1 Uhr • €€€

EINKAUFEN

Pâtisserie Bennis Habous

Fabelhafte Traditionskonditorei im gleichnamigen Viertel. Zum Mitnehmen empfehlen sich Köstlichkeiten wie Sesamhörnchen, gefüllte Datteln, Mandel- und Honigkuchen. Schön auch für einen Minztee.

2, Rue Fkih el-Gabbas • So–Fr 9–20 Uhr

SERVICE

AUSKUNFT

Conseil Regional du Tourisme – Kiosques touristiques

Pl. Mohammed V und Pl. de la Grande Mosquée Hassan II. • Tel. 05 22 20 62 66 • www.visitcasablanca.ma • Sa–Do 8.30–18 Uhr

Eine der bedeutendsten Grabanlagen des islamischen Kulturkreises: Der Mausolée Mohammed V (▶ S. 117) wurde 1971 in Marokkos Hauptstadt Rabat errichtet.

Ausflüge
◎ Rabat

620 000 Einwohner

Seit 1956 Marokkos Hauptstadt mit Regierungssitz und Residenz des Königs, wirkt Rabat ruhig und gepflegt. Vom 12. bis 19. Jh. war es ein wichtiger Handelsplatz, wovon die stark befestigte **Kasbah des Oudayas** an der Mündung des Bou-Regreg in den Atlantik und die große **Medina** zeugen. Landeinwärts folgt die französische **Ville Nouvelle**, ein repräsentatives Viertel mit Botschaften, Regierungsgebäuden und dem **Palais Royal** (Königspalast). Wahrzeichen von Rabat ist in Flussnähe die **Tour Hassan** (12. Jh.). Der Hassanturm war als Minarett einer unvollendet gebliebenen Moschee gedacht. Gegenüber steht der **Mausolée Mohammed V**, ein neomaurisches Marmorgrabmal von 1971, in dem 1999 auch König Hassan II beigesetzt wurde. Außerhalb der Stadt liegt **Cheilah**, eine gewaltige Nekropole aus dem 14. Jh. mit der Grabmoschee der Meriniden, einer mittelalterlichen Herrscherdynastie. 90 km nordöstl. von Casablanca

Tag für Tag steuert das Kreuzfahrtschiff auf seiner Reise rund um die Kanaren neue spektakuläre Ziele an. Hier passiert es die zwischen Fuerteventura und Lanzarote liegende unbewohnte Insel Lobos.

Wissenswertes über die
Kanarischen Inseln

Nützliche Informationen für eine gelungene Kreuzfahrt: Sprach-
führer, länderspezifische kulinarische Lexika, Literatur, Adressen
sowie Reisepraktisches von A bis Z.

Sprachführer

Spanisch

AUSSPRACHE

c   vor dunklen Vokalen wie k
     (como), vor hellen Vokalen wie
     engl. th (gracias)
ch   wie tsch (ocho)
h   wird nicht gesprochen
j   wie ch (jueves)
ll   wie lj (calle)
ñ   wie nj (mañana)
qu   wie k (quisiera)
s   wie ss (casa)
y   wij (hoy)
z   wie engl. th (diez)

WICHTIGE WÖRTER UND AUSDRÜCKE

ja – sí [si]
nein – no [no]
danke – gracias [grassias]
Wie bitte? – ¿cómo? [komo]
Ich verstehe nicht. – No entiendo.
    [no entjiendo]
Entschuldigung – con permiso,
    perdón [kon permisso, perdon]
Hallo – hola [ola]
Guten Morgen – buenos días
    [buenos dijas]
Guten Tag – buenas tardes
    [buenas tardes]
Guten Abend – buenas noches [bu-
    enas notsches]
Auf Wiedersehen – adiós [adijos]
Ich heiße … – Me llamo …
    [mee jamo]
Ich komme aus … – Yo soy de …
    [jo soij dee]
– Deutschland – Alemania
    [Alemanja]
– Österreich – Austria [Austria]
– der Schweiz – Suiza [Suissa]
Wie geht's?/Wie geht es Ihnen? –
    ¿Qué tal?/¿Cómo está?
    [ke tal/komo esta]

Danke, gut. – Bien, gracias.
    [bjän, grassias]
wann – cuando [kuando]
wie lange – cuanto tiempo
    [kuanto tijempo]
Sprechen Sie Deutsch/Englisch? –
    ¿Habla alemán/inglés?
    [abla aleman/ingles]
heute – hoy [oij]
morgen – mañana [manjana]
gestern – ayer [ajer]

ZAHLEN

eins – uno
zwei – dos
drei – tres
vier – cuatro
fünf – cinco
sechs – seis
sieben – siete
acht – ocho
neun – nueve
zehn – diez
einhundert – cien
eintausend – mil

WOCHENTAGE

Montag – lunes
Dienstag – martes
Mittwoch – miércoles
Donnerstag – jueves
Freitag – viernes
Samstag – sábado
Sonntag – domingo

UNTERWEGS

rechts – a la derecha [a la deeret-
    scha]
links – a la izquierda [a la iskierda]
geradeaus – recto [rekto]
Wie weit ist es nach …? –
    ¿Cuánto tiempo dura el viaje
    hasta …? [kuanto tijempo dura
    el biache asta]

Wie kommt man nach …? –
¿Por dónde se va a …?
[por donde se ba a]

Wo ist … – ¿Dónde está …
[donde esta]

– die nächste Werkstatt? – el
próximo taller? [el proximo
tajär]

– der Bahnhof? – la estación de
tren? [la estassijon dee tren]

– der Flughafen? – el aeropuerto?
[el aäropuerto]

– die Touristeninformation? –
la información turística?
[la informassion turistika]

– die nächste Bank? – el próximo
banco? [el proximo banko]

– der Kreuzfahrthafen? –
el cruise port? [el cuise port]

Bitte voll tanken! – ¡Lleno, por
favor! [jeno por fabor]

Wir hatten einen Unfall. –
Tuvimos un accidente.
[tubimos un axidente]

Wo finde ich … – ¿Dónde encuen-
tro … [donde enkuentro]

– einen Arzt? – un medico?
[un mediko]

– eine Apotheke? – una farmacia?
[una farmassia]

Eine Fahrkarte nach … bitte! –
¡Quisiera un pasaje a …, por
favor! [kisijera un pasache a …,
por fabor]

ÜBERNACHTEN

Ich suche ein Hotel. – Busco un
hotel. [busko un otel]

Haben Sie noch Zimmer frei? –
¿Hay habitaciones libres?
[aij abitassiones libres]

– für eine Nacht? – para una no-
che? [para una notsche]

Ich habe ein Zimmer reserviert. –
Reservé una habitación.
[reservee una abitassion]

Ich suche ein Zimmer für … Personen. – ¿Tiene usted una habitación para … personas? [tijene ustet
una abitassion para … personas]

Wie viel kostet das Zimmer … –
¿Cuánto vale la habitación …
[kuanto bale la abitassion]

– mit Frühstück? – con desayuno
incluido? [kon dessajuno inklu-
ido]

Ich nehme das Zimmer. – Quiero la
habitación. [kijero la abitassion]

Kann ich mit Kreditkarte zahlen? –
¿Puedo pagar con tarjeta de
crédito? [puedo pagar kon
tarcheta de kredito]

Ich möchte mich beschweren. –
Me quiero quejar. [mee kijero
kechar]

funktioniert nicht – No funcciona.
[no funxiona]

ESSEN UND TRINKEN

Die Speisekarte bitte! – El menu,
¡por favor! [el menu por fabor]

Die Rechnung bitte! – La cuenta,
¡por favor! [la kuenta por fabor]

Ich hätte gern … – Quisiera …, ¡por
favor! [kisijera… por fabor]

Kellner/-in – camarero/camarera
[kamarero/kamarera]

Mittagessen – almuerzo [almuersso]

Abendessen – cena [sena]

EINKAUFEN

Wo gibt es …? – ¿Dónde hay …?
[donde aij]

Haben Sie …? – ¿Hay …? [aij]

Wie viel kostet …? – ¿Cuánto vale
…? [kuanto bale]

Das ist zu teuer. – Es demasiado
caro. [es demasiado karo]

Ich nehme es. – Me lo llevo.
[mee lo jevo]

geöffnet/geschlossen – abierto/
cerrado [abijerto/serado]

Französisch

AUSSPRACHE

~   über einem Vokal bedeutet,
     dass er nasal ausgesprochen
     wird:
ã   wie chance
ẽ   wie terrain
õ   wie bonbon

WICHTIGE WÖRTER UND AUSDRÜCKE

ja – oui
nein – non
danke – merci
Wie bitte? – comment
Ich verstehe nicht – je ne com-
     prends pas
Entschuldigung – pardon/excusez-
     moi
Guten Morgen/Tag – bonjour
Guten Abend – bonsoir
Auf Wiedersehen – au revoir
Ich heiße … – je m'appelle
Ich komme aus … – je suis de
Wie geht's? – comment allez-vous/
     vas-tu
Danke, gut. – bien, merci
wer, was, welcher – qui, quoi,
     quel
wann – quand
wie viel – combien
wie lange – combien de temps
Sprechen Sie Deutsch/Englisch?
     – parlez-vous allemand/anglais
heute – aujourd'hui
morgen – demain
gestern – hier

ZAHLEN

eins – un, une
zwei – deux
drei – trois
vier – quatre
fünf – cinq
sechs – six
sieben – sept
acht – huit
neun – neuf
zehn – dix
einhundert – cent

WOCHENTAGE

Montag – lundi
Dienstag – mardi
Mittwoch – mercredi
Donnerstag – jeudi
Freitag – vendredi
Samstag – samedi
Sonntag – dimanche

UNTERWEGS

rechts – à droite
links – à gauche
geradeaus – tout droit
Wie kommt man nach …?
     – pouvez-vous m'indiquer le
     chemin pour aller à …
Wo ist … – où se trouve
– die Touristeninformation?
     – l' office de tourisme
Wo finde ich … – où est-ce que
     je trouve
einen Arzt? – un médecin
eine Apotheke? – une pharmacie
Eine Fahrkarte nach … bitte!
     – un ticket pour … s'il vous
     plaît!

ESSEN UND TRINKEN

Die Speisekarte bitte! – la carte
     s'il vous plaît
Die Rechnung bitte! – l'addition
     s'il vous plaît
Ich hätte gern … – Je voudrais
     prendre

EINKAUFEN

Wo gibt es …? – où se trouve
Haben Sie …? – avez-vous
Wie viel kostet …? – combien
     ça coûte?
Das ist zu teuer – c'est trop cher

Portugiesisch

WICHTIGE WÖRTER UND AUSDRÜCKE

ja – sim [sı˜]

nein – não [nãu]

danke – obrigado/a [obrigadu/a]

Wie bitte? – Como? [komu]

Ich verstehe nicht. – Não compre-
endo. [nãu komprendu]

Entschuldigung – Peço desculpa!
[pesu deschkulpa]

Hallo – olá [o'la]

Guten Morgen – bom dia [bõmdia]

Guten Tag – boa tarde [boatard]

Guten Abend – boa noite [boanoit]

Auf Wiedersehen – Adeus [ade-
usch]

Ich heiße … – Chamo-me … [sch-
amu me]

Ich komme aus … – Venho da …
[wenju da]

– Deutschland. – Alemanha.
[alemanja]

– Österreich. – Áustria. [auschtria]

– der Schweiz. – Suíça. [su'isa]

Wie geht's? – Como está?
[komu ischta]

Danke, gut. – Bem, obrigado/a.
[bem obrigadu/obrigada]

wer, was, welcher – quem, o quê,
qual [kem, u ke, kual]

wann – quando [kuandu]

wie viel – quanto [kuantu]

wie lange – quanto tempo
[kuantu tempu]

Sprechen Sie Deutsch/Englisch? –
Fala alemão/inglês? [fala
alemãu/
inglesch]

heute – hoje [oje]

morgen – amanhã [amanjã]

gestern – ontem [õntem]

ZAHLEN

eins – um [˜um]

zwei – dois [doisch]

drei – três [tresch]

vier – quatro [kuatru]

fünf – cinco [sinku]

sechs – seis [seisch]

sieben – sete [set]

acht – oito [oitu]

neun – nove [nowe]

zehn – dez [desch]

einhundert – cem [sem]

eintausend – mil [mil]

zweitausend – dois mil
[doisch mil]

zehntausend – dez mil
[desch mil]

UNTERWEGS

rechts – à direita [a direita]

links – à esquerda [a eschkerda]

geradeaus – em frente [em frente]

Wie kommt man nach …? –
Podia dizer-me o caminho
para …? [pudia diser me u ka-
minju para]

ESSEN UND TRINKEN

Die Speisekarte bitte! – A ementa,
por favor! [a ementa pur fawor]

Die Rechnung bitte! – A conta,
por favor! [a konta pur fawor]

Auf Ihr Wohl! – À sua saúde!
[a sua sa'ude]

Wo finde ich die Toiletten –
Onde são as casas-de-banho
[onde sãu as kazaz de banju]

Frühstück – pequeno almoço
[pekenu almosu]

Mittagessen – almoço [almosu]

Abendessen – jantar [jantar]

EINKAUFEN

Haben Sie …? – Tem …? [tem]

Wo gibt es …? – Onde passo
comparar …? [onde pasu
komprar]

Wie viel kostet …? – Quanto
custa …? [kuantu kuschta]

Kulinarisches Lexikon Kanarische Inseln

A

aceite – Öl
aceituna – Olive
agua – Wasser
– con (sin) gas – Wasser mit
   (ohne) Kohlensäure
– mineral – Mineralwasser
aguardiente – Branntwein, Schnaps
ajo – Knoblauch
albóndiga – Frikadelle, Bulette
almeja – Miesmuschel
almendra – Mandel
arroz – Reis
asado – Braten

B

bacalao – Kabeljau, Stockfisch
bocadillo – Sandwich,
   belegtes Brötchen
buey – Rind, Ochse

C

cacahuetes – Erdnüsse
café con leche – Milchkaffee
– cortado – Kaffee mit wenig Milch
– solo – schwarzer Kaffee
calabaza – Kürbis
caldo – Fleischbrühe
cangrejo – Krebs
capón – Kapaun
carne – Fleisch
cebollas – Zwiebeln
cerdo – Schweinefleisch
cerveza – Bier
– oscura – dunkel
– rubia – hell (»blond«)
chorizo – rote Paprikawurst
chuleta – Kotelett
churro – in Öl ausgebackenes
   Spritzgebäck
ciruelas – Pflaumen
cocido – Eintopf mit Fleisch,
   Kichererbsen und Kartoffeln
crustáceos – Schalentiere

D

dátiles – Datteln
dulces – Süßigkeiten

E

embutido – Wurst
ensalada – Salat
espárrago – Spargel
– triguero – (wilder) grüner Spargel

F

fino – trockener Sherry
fresa – Erdbeere
frito – gebacken
frutas – Obst

G

gallina – Huhn
gambas – Krabben bzw. Garnelen
garbanzos – Kichererbsen
gazpacho – kalte Gemüsesuppe
gofio – geröstetes Getreidemehl
guisado – Schmorfleisch
guisante – Erbse

H

helado – Speiseeis
hielo – Eis, Eisstück
hígado – Leber
huevo – Ei

J

jabalí – Wildschwein
jamón – Schinken

L

leche – Milch
lechuga – Kopfsalat
legumbres – Gemüse, Hülsenfrucht
lengua – Zunge
lenguado – Seezunge
lenteja – Linse
lomo – Lendenstück
lubina – Wolfsbarsch

M

macedonia de frutas – Obstsalat
manteca – Fett
mantequilla – Butter
manzana – Apfel
mariscos – Meeresfrüchte,
    Muscheln
mejillones – Miesmuscheln
melocotón – Pfirsich
menta – (Pfeffer-)Minze
mermelada – Marmelade
miel – Honig
morcilla – Blutwurst

N

naranja – Orange
nata – Sahne
nuez – Walnuss

O

olla – gekochter Eintopf

P

paella – Reisgericht
pan – Brot
papas, patatas – Kartoffeln
pasas – Rosinen
pastel – Kuchen, Torte
– de patatas – Kartoffelpuffer
patatas fritas – Bratkartoffeln
pato – Ente
pecho – Brust
pepino – Gurke
perdiz – Rebhuhn bzw. Rothuhn
perejil – Petersilie
pescado – Fisch
pez espada – Schwertfisch
pimienta – Pfeffer
puchero – Eintopf

Q

queso – Käse

R

ración – »doppelte« Tapa
riñones – Nieren

S

sal – Salz
salchicha – Würstchen
salchichón – eine Art Salami
salmón – Lachs
salmonete – Meerbarbe
salsa – Sauce
sandía – Wassermelone
sangría – kalte Bowle aus Rotwein,
    Wasser, Zucker, Früchten
sardina – Sardine
sopa – Suppe mit Einlagen
sorbete – Fruchteis

T

tapa – Appetithäppchen
tarta – Torte
ternera – Kalbfleisch
tocino – Speck
torta – Kuchen
tortilla francesa – Omelett
– española – Omelett mit Kartoffeln
trigo – Weizen
trucha – Forelle
turrón – Mandelgebäck

U

uva – Weintraube

V

verduras – Gemüse, Salate
vinagre – Essig
vino – Wein
– blanco – Weißwein
– del país – Landwein
– rosado – Roséwein
– tinto – Rotwein

Z

zarzuela de pescado – eine Art
    Bouillabaisse
zumo – Saft
– de frutas – Fruchtsaft
– de manzana – Apfelsaft
– de melocotón – Pfirsichsaft
– de naranja – Orangensaft

Marokko

A

agneau – Lamm
amandes – Mandeln

B

bisque – Krebssuppe
blanc de poulet – Hühnerbrust
bœuf – Rindfleisch
brik – Teigtasche
briouates – frittierte Blätterteig-
    taschen, süß oder würzig gefüllt
brochettes de kefta – gegrillte
    Hackfleischspießchen (Rind/
    Lamm)

C

café – Kaffee
coquelet – Hähnchen
coquillages – Muscheln
crevettes – Garnelen
crustacés – Krustentiere

D

dattes – Datteln
daurade – Meerbrasse

E

eau – Wasser
escalope – Schnitzel
espadon – Schwertfisch

F

figues – Feigen
foie m' chermel – frittierte Kalbs-
    leber, gewürzt mit Paprika,
    Kreuzkümmel, Koriander

G

gigot – Hammelkeule
griouch – in Öl frittiertes und in
    Honig getränktes Sesamgebäck

H

haricots – Bohnen
harissa – Chilisauce

K

kaab el-ghazal – Mandelgebäck
    in Form von Gazellenhörnern,
    häufig in Puderzucker
    gewälzt
kabab – Grillspieß aus Rinderfilet
    oder Lammfleisch
kefta m' chermla – Hackfleisch-
    bällchen in Zwiebelsoße

L

lait – Milch
– d'amandes – Mandelmilch
lapin – Kaninchen

M

maquereaux – Makrelen
m' chermel – rote Soße, ein Ge-
    misch aus drei verschiedenen
    Soßen
menthe – Minze
m' hammar – rote Soße auf der
    Basis von Butter, süßem Paprika
    und Kreuzkümmel
mouton – Hammel, Schaf
m' qualli – gelbe Soße auf der Basis
    von Öl, Ingwer und Safran

P

pain – Brot
poivrons verts – grüne Pfeffer-
    schoten
porc – Schwein
potage – Suppe
poulet – Hühnchen

T

tajine de viande aux amandes et
    oignons (k'dra) – Mandel-
    Zwiebel-Tajine
thon – Thunfisch
tournedos – Rinderfilet

V

veau – Kalb
vin – Wein

Portugal

A

à brasa – vom Holzkohlegrill
arroz – Reis
assado – Braten
atum – Thunfisch
aves – Geflügel
azeitonas – Oliven

B

bacalhau – Stockfisch
bife – Steak
borrego – Lamm

C

cabrito – Zicklein
caça – Wild
café com leite – Milchkaffee
café, bica, cimbalino, espresso –
   Espresso
caldeirada – Fischeintopf
caldo verde – grüne Kohlsuppe
camarões – Krabben
carne – Fleisch
cerveja – Bier
chá – Tee
cordeiro – Lamm
crustáceos – Krustentiere

F

feijoada – Bohneneintopf mit
   Fleisch
fiambre – Schinken (gekocht)
figado – Leber
frango – Hähnchen

G

galinha – Huhn

J

jardineira – Eintopf mit Kalbfleisch

L

lagosta – Languste
lebre – Hase

legumes – Gemüse
leite – Milch
linguado – Seezunge
lombo – Rinderfilet
lula – Tintenfisch

M

maça – Apfel
manteiga – Butter
mariscos – Krustentiere

P

pão – Brot
pato – Ente
peixe – Fisch
pêra – Birne
pescada – Schellfisch
pescadinha – Weißling
pimenta – Pfeffer
porco – Schwein
presunto – Schinken
   (geräuchert)

Q

queijo – Käse

R

recibo, factura – Quittung
reclamação – Beschwerde
rosbife – Roastbeef

S

salmão – Lachs
salsicha – Wurst
sardinha – Sardine
sopa – Suppe

T

torrada – fingerdick geschnittene,
   getoastete Weißbrotscheiben
   mit Butter

V

vaca – Rind
vinho – Wein
vitela – Kalb

Reisepraktisches von A–Z

ANREISE

MIT DEM FLUGZEUG

Kreuzfahrten durch den Archipel der Kanaren beginnen und enden oft auf Gran Canaria oder Teneriffa. Sie können in der Regel mit Flug gebucht werden. Der Transfer vom Airport zum Schiff ist dann inbegriffen. Es kann im Einzelfall kostengünstiger sein, die Fluganreise in eigener Regie zu organisieren. Allerdings trägt man dann auch selbst das Risiko, das Schiff pünktlich zu erreichen. Verschiedene Ferienfluggesellschaften, etwa Air Berlin (www.airberlin.com), Condor (www.condor.com), TUIfly (www.tuifly.com), Niki (www.flyniki.com) oder Edelweiss Air (www.flyedelweiss.com), fliegen die Inseln von zahlreichen Flughäfen aus an. Es handelt sich meist um Direktflüge (manchmal mit einer Zwischenlandung), die Flugzeit ab Mitteleuropa beträgt nonstop vier bis fünf Stunden. Gegen Aufpreis fliegt man mit mehr Sitzkomfort bei Condor und TUIfly in der Premium Economy Class, bei Edelweiss Air, Swiss (www.swiss.com) und Austrian Airlines (www.austrian.com) in der Business Class. Die Lufthansa (www.lufthansa.com) führt ihre Flüge nach Teneriffa und Las Palmas mit Swiss durch, wobei hier in Zürich umgestiegen wird. Nur mit Umsteigen in Madrid fliegt die spanische Gesellschaft Iberia (www.iberia.com) die Inselgruppe der Kanaren ab Deutschland, Österreich oder der Schweiz an. Billigflüge nach Gran Canaria und Teneriffa bieten u. a. Ryanair (www.ryanair.com) von mehreren Flughäfen in Deutschland und Österreich sowie Easyjet (www.easyjet.com) ab Basel an.

Der Flughafen von Gran Canaria, wo häufig Kreuzfahrten beginnen, liegt etwa 20 km vom Einschiffungshafen Las Palmas entfernt (Taxi 30–35 € oder Bus Linie 60 tagsüber ca. halbstündlich bis Santa Catalina 2,95 € pro Person). Auf Teneriffa gibt es zwei Flughäfen. Fast alle internationalen Flüge landen auf dem Airport Teneriffa Süd, von dort sind es 60 km zum Starthafen Santa Cruz de Tenerife (Taxi 60–75 € oder Bus Linie 111 tagsüber ca. halbstündlich bis Santa Cruz Intercambiador, in Hafennähe, 9,35 € pro Person). Wenn Ein- und Ausschiffungshafen nicht identisch sind, etwa bei einem Routenverlauf von Mallorca über Madeira nach Teneriffa oder von Madeira nach Dakar mit Landgängen auf verschiedenen Kanareninseln, wird die Fluganreise in der Regel von der Reederei organisiert und ist im Reisepreis inbegriffen. Anschlussflüge, Sitzplätze in der Business Class sowie Vor- und Nachprogramme können oft individuell hinzugebucht werden.

AUSKUNFT

IN DEUTSCHLAND, ÖSTERREICH UND DER SCHWEIZ

MAROKKO

Marokkanisches Fremdenverkehrsamt (ONMT)

www.visitmorocco.com
– Graf-Adolf-Str. 59, 40210 Düsseldorf • Tel. 02 11/37 05 51 (betreut sowohl den deutschen als auch den österreichischen Markt)
– Schiffländo 5, 8001 Zürich • Tel. 0 44/252 77 52

PORTUGAL
Turismo de Portugal
Touristische Informationen unter
www.visitportugal.com
Für Madeira: www.visitmadeira.pt

SPANIEN
Turespaña
– Lietzenburger Str. 99, 10707 Berlin • Tel. 0 30/8 82 65 43 • www.spain.info/de_de
– Walfischgasse 8, 1010 Wien • Tel. 01/5 12 95 80 11 • www.spain.info/de_at
– Seefeldstr. 19, 8008 Zürich • Tel. 4 42 53 60 50 • www.spain.info/de_ch

AUF DEN KANARISCHEN INSELN
Promotur Turismo Canarias
Calle Fomento 7, 38003 Santa Cruz de Tenerife • Tel. 00 34/9 22 22 94 66 • www.hallokanarischeinseln.com

BORDWÄHRUNG
Die Bordwährung im Zielgebiet Kanarische Inseln ist auf deutschen Kreuzfahrtschiffen der Euro, auf internationalen Schiffen teilweise der Dollar. Bei vielen Reedereien erfolgen Zahlungen an Bord bargeldlos. Zu diesem Zweck erhält man zu Beginn der Fahrt bei Vorlage einer Kreditkarte oder durch Bareinzahlung ein Bordguthaben. Ausgaben werden jeweils von einer elektronischen Bordkarte abgebucht. Bei anderen Reedereien wird hingegen an Bord mit Bargeld oder der eigenen Bank- bzw. Kreditkarte bezahlt.

BUCHTIPPS
Trevor Day: Whale Watching. Wale und Delfine in freier Natur erleben (Delius Klasing 2008) Anschaulich beschreibt dieses Buch die Meeressäuger und gibt zahlreiche Hinweise darauf, wo und wie sie am besten zu beobachten sind; zahlreiche Illustrationen helfen bei der Identifizierung. **Claudia Diemar: Lesereise Kanarische Inseln. Archipel der Glückseligkeiten** (Picus 2011) Ungewohnte Aspekte der Inseln beleuchtet die Soziologin. Sie berichtet von Aussteigern und Alt-Hippies, lässt Einheimische zu Wort kommen und hat sogar die Pfeifsprache der Guanchen erlernt, die sich bis heute auf der Insel La Gomera erhalten hat.
Julia Manly: AIDA-Kreuzfahrt mit dem Kussmund in die kanarische Inselwelt (Books on Demand 2008) Der unterhaltsame Roman schildert auf vergnügliche Weise, was eine vierköpfige Familie auf einer Kreuzfahrt ab Teneriffa so alles erlebt; hervorragend zur Reisevorbereitung oder als Bordlektüre geeignet.
Wolf Schneider: Islas Canarias (2a-Verlag 2009) In Romanform wird die Geschichte der Eroberung der Kanarischen Inseln erzählt, auf denen im 15. Jh., isoliert von den benachbarten Kontinenten, die Guanchen auf der Kulturstufe der Steinzeit lebten und um ihre Freiheit kämpften.
Horst Uden: Unter dem Drachenbaum (Zech 2013) Der Autor besuchte in den 1930er-Jahren den Archipel. Auf allen sieben Inseln schrieb er Märchen und Sagen, Anekdoten und Piratengeschichten auf, um sie an seine Leser weiterzugeben – auch über die legendäre achte Insel, San Borondón.
Außerdem sind zu Teneriffa, Gran Canaria, Fuerteventura, Lanzarote, La Palma, Madeira (mit Porto Santo), Lissabon, Andalusien und

Marokko jeweils MERIAN *live!*-Reiseführer im Handel erhältlich.

BUCHUNGSADRESSEN

AIDA Cruises
Am Strande 3d, 18055 Rostock • Tel. 03 81/20 27 07 22 • www.aida.de

Celebrity Cruises
Lyoner Str. 20, 60528 Frankfurt/M. • Tel. 08 00/7 24 03 45 • www.celebrity cruises.de

Costa Kreuzfahrten
Am Sandtorkai 39, 20457 Hamburg • Tel. 0 40/570 12 13 16 • www.costa kreuzfahrten.de

Cunard Line
Am Sandtorkai 38, 20457 Hamburg • Tel. 0 40/41 53 35 55 • www.cunard.de

Fred. Olsen Cruise Lines
Tel. 0 84 53/14 21 21 • www.fredolsen cruises.com

Hapag-Lloyd Kreuzfahrten
Ballindamm 25, 20095 Hamburg • Tel. 0 40/30 70 30 70 • www.hlkf.de

MSC Kreuzfahrten
Ridlerstr. 37, 80339 München • Tel. 0 89/2 03 04 38 01 • www.msc-kreuzfahrten.de

Norwegian Cruise Line
Tel. 06 11/3 60 70 • www.ncl.de

Phoenix Reisen
Pfälzer Str. 14, 53111 Bonn • Tel. 02 28/9 26 00 • www.phoenixreisen.com

Royal Caribbean
Lyoner Str. 20, 60528 Frankfurt/M. • Tel. 08 00/7 24 03 45 • www.royal caribbean.com

Sea Cloud Cruises
An der Alster 9, 20099 Hamburg • Tel. 0 40/30 95 92 50 • www.sea cloud.com

Transocean Kreuzfahrten
Rathenaustr. 33, 63067 Offenbach • Tel. 0 69/8 00 87 16 50 • www.trans ocean.de

TUI Cruises
Anckelmannsplatz 1, 20537 Hamburg • Tel. 0 40/6 00 01 51 11 • www. tuicruises.com

FERNSEHEN

Die wichtigsten internationalen Fernsehprogramme können auf den Kreuzfahrtschiffen über Satellit empfangen werden. Zudem verfügen die meisten Schiffe über (interaktives) Bordfernsehen. Gegen Gebühr können außerdem oft Filme auf DVD ausgeliehen werden.

FESTE UND EVENTS

FEBRUAR/MÄRZ

Carnaval, Santa Cruz de Tenerife
Südamerikanisch lebhaft wird der Karneval auf den Kanaren gefeiert. Hochburg ist die Hauptstadt von Teneriffa, wo die Menschen zwei Wochen lang in fantasievollen Kostümen zu Latino-Rhythmen durch die Straßen tanzen, bis in die frühen Morgenstunden und bei milden Temperaturen um die 20 Grad. Der große Umzug am Karnevalsdienstag braucht den Vergleich mit Rio nicht zu scheuen. Am Aschermittwoch wird die Feuerbestattung einer überdimensionalen, aus Lumpen gefertigten Sardine betrauert, die zuvor auf einer Prozession durch die Stadt getragen wird. www.carnavaldetenerife.com

Carnaval, Cádiz

Auf dem spanischen Festland ist Cádiz für seinen Karneval berühmt. Elf Tage lang tanzen Einheimische sowie unzählige Besucher in fantastischen Kostümen durch die Straßen der Altstadt und verwandeln diese in ein schillerndes Meer aus Farben. Erster Höhepunkt ist die »cabalgata«, ein Umzug mit Festwagen am Sonntag. Am folgenden Rosenmontag tragen überall in der Stadt Gesangsgruppen die typischen Spottlieder vor. Mit der Verbrennung des »dios momo«, des Karnevalsmaskottchens, am Aschermittwoch ist noch längst nicht alles vorbei. Erst ein weiterer humoristischer Umzug am folgenden Sonntag beendet den Karneval.
www.carnavaldecadiz.com

MÄRZ/APRIL

Lebrancho Rock, Puerto del Rosario, Fuerteventura

Zu dem Rockfestival am Hafen reisen Nachwuchsgruppen aus ganz Spanien an. Zwischendurch heizen DJ's dem begeisterten Publikum ein. Zwei Nächte, von Freitagabend bis Sonntagmorgen, geht es zur Sache.
Ein Wochenende im März, April oder Mai • Plaza de Las Escuevas • www.lebranchorock.com

Semana Santa, Las Palmas de Gran Canaria

In der Osterwoche ziehen Prozessionen durch die Vegueta, die Altstadt von Las Palmas, ausgerichtet von Laienbruderschaften oder alteingesessenen Familien. Am eindrucksvollsten sind am Karfreitag die »Procesión de las Mantillas«, bei der Frauen mit weißen Kopftüchern der Statue der Muttergottes folgen, und die »Procesión Magna« mit 14 Heiligenfiguren, die mehrere Stunden lang durch die Gassen getragen werden. Viele Teilnehmer sind mit dem Büßergewand mit spitzen Kapuzen bekleidet, die das Gesicht verhüllen.
Karwoche • www.kanarischesbistum.org

Festa da Flor, Funchal, Madeira

Highlight im Festtagsreigen der Insel Madeira ist das inzwischen dreiwöchige Blumenfest. Es geht auf heidnische Wurzeln zurück und läutet den Frühling ein. Beim großen Blumenkorso am zweiten Sonntag nach Ostern ziehen prächtig geschmückte Wagen durch die Innenstadt von Funchal, begleitet von aufwändig herausgeputzten Tanzgruppen. Am Samstag geht ein bunter Kinderumzug diesem Ereignis voraus.
Um das zweite Wochenende nach Ostern • www.visitmadeira.pt

MAI

Fiesta de la Cruz, Santa Cruz de La Palma

In uralter Tradition hüllen die Stadtbewohner in der Nacht vor dem Fest Hunderte von Wegkreuzen in glänzende Stoffe oder Seidenpapier und schmücken sie mit Blüten, Kerzen und allerlei Accessoires. Vor Häusern und auf Balkonen stehen »mayos«, überlebensgroße, groteske Puppen – ein archaischer Brauch zur Verabschiedung des Winters. Es finden Prozessionen statt, danach herrscht Volksfeststimmung. Das Kreuzfest wird vielerorts im spanischsprachigen Raum begangen, aber Santa Cruz erinnert damit zugleich an die Stadtgründung 1493.
3. Mai • www.visitlapalma.es

OKTOBER

Fiesta de Nuestra Señora de Guadalupe, San Sebastián de La Gomera

Pilger von ganz La Gomera machen sich auf den Weg in die Hauptstadt, um die Inselheilige Virgen de Guadalupe zu verehren. Dort ziehen sie am Samstag durch die Straßen. Am Sonntag geht es weiter zum Heiligtum der Madonna an der Landspitze Puntallana, wo Messen, Prozessionen und religiöse Tänze zelebriert werden. Alle fünf Jahre (2018, 2023 usw.) wird aus der Fiesta ein weit über La Gomera hinaus beachtetes Großereignis, die »Bajada« (Herabführung). Dann überführt eine Schiffsprozession die Statue der Jungfrau nach San Sebastián, von wo sie wochenlang durch die anderen Inselgemeinden reist und am 12. Dezember in ihr Heiligtum zurückkehrt.
Wochenende Anfang Oktober • www.lagomera.travel

Rock'n'Roll Lisbon Marathon

Ein Megaevent mit zuletzt über 1500 Teilnehmern aus Portugal und vielen anderen Ländern ist dieser Marathon. Wer sich für die volle Strecke, die ab Cascais durch das gesamte Stadtgebiet führt, nicht fit genug fühlt, kann am Halbmarathon oder am »Mini Maratona« (6,6 km) teilnehmen, die beide an der Ponte Vasco da Gama starten.
Wochenende Anfang/Mitte Oktober • www.lisbon-marathon.com

DEZEMBER

Fim do Ano, Funchal, Madeira

Zum Jahreswechsel steuern zahlreiche Kreuzfahrtschiffe die Insel Madeira eigens zum berühmten Silvesterfeuerwerk an, einem der spektakulärsten der Welt. Rund um die weit geschwungene Bucht von Funchal schießen Raketenfontänen in die Höhe und zeichnen farbenprächtige Bilder in den Himmel. Die Schiffe im Hafen und auf der Reede begrüßen das neue Jahr mit lauten Böllerschüssen.
31. Dez./1. Jan. • www.visitmadeira.pt

In **Marokko** richten sich die religiösen Feste nach dem islamischen Kalender, daher verschieben sich die Termine jedes Jahr um elf Tage nach vorne. Am bekanntesten ist der Fastenmonat Ramadan. Während dieser Zeit steht das öffentliche Leben tagsüber praktisch still. Banken und Geschäfte haben reduzierte Öffnungszeiten, Cafés und Restaurants öffnen nicht vor Einbruch der Dunkelheit. Denn erst dann darf gegessen und getrunken werden. Nächste Termine: 27. Mai–24. Juni 2017, 16. Mai–14. Juni 2018

GELD

Bei einer Schiffsreise innerhalb des Kanarenarchipels und auf Madeira sowie bei Abstechern zum spanischen und portugiesischen Festland befinden Sie sich in der Eurozone. Geldautomaten für Bankkarten, die das Maestro- oder V Pay-Zeichen tragen, sind verbreitet.
Wichtig für einen Stopp in Marokko: Die marokkanische Währung ist der Dirham (Dh oder MAD), dessen Ein- und Ausfuhr verboten ist. Man erhält Dirham vor Ort an Geldautomaten, in Banken und Wechselstuben. Die Angebote, Geld auf der Straße zu wechseln, sollte man ausschlagen. Maximal die Hälfte des eingetauschten Geldbetrags kann

zurückgetauscht werden (Quittung aufbewahren). Viele Händler akzeptieren Euroscheine zum Kurs 1:10.

Marokko (Dirham)

1 MAD	0,09 €/0,10 CHF
1 €	11,00 MAD
1 CHF	10,00 MAD

GESUNDHEITSVORSCHRIFTEN
Es sind keine Impfungen vorgeschrieben. Für die medizinische Versorgung ist an Bord gesorgt.

INTERNET
In Küstennähe kann man sich mit dem Smartphone in das Mobilfunknetz des jeweiligen Gastlandes einloggen. Auf hoher See können Sie das schiffseigene Mobilfunknetz nutzen, was allerdings meist etwas teurer kommt. Außerdem bieten Kreuzfahrtschiffe in der Regel Internet-Ecken und WLAN (jeweils gegen Gebühr). Kostenfrei ist WLAN (in Spanien und Portugal WiFi genannt) in manchen Hafengebäuden verfügbar. Cafés mit Gratis-WLAN sind meist nicht weit vom Hafen entfernt. Informationen über das Zielgebiet findet man im Internet auf den offiziellen Tourismusportalen (▸ S. 128).

KRIMINALITÄT
Bei Landgängen sollte man keine größeren Geldbeträge oder andere Wertsachen mitführen. Tragen Sie Ihr Portemonnaie nicht in der Gesäßtasche. Meiden Sie Gedränge, ein beliebtes Betätigungsfeld für Taschendiebe. In Marokko empfiehlt es sich, Geld nicht auf der Straße zu wechseln, sondern eine Bank oder Wechselstube aufzusuchen.

MEDIZINISCHE VERSORGUNG
Auf vielen Schiffen gibt es eine Arztpraxis mit kleinem Krankenhaus und eine Apotheke. Die Kosten müssen privat bezahlt werden. Innerhalb der EU bestehen Sozialversicherungsabkommen. Deutsche, Österreicher und Schweizer werden in Spanien und Portugal in öffentlichen Kliniken und Gesundheitszentren theoretisch kostenfrei behandelt, wenn sie die Europäische Krankenversicherungskarte (EHIC) vorlegen. Diese ist in die nationale Versichertenkarte integriert oder auf Anfrage bei der Krankenkasse erhältlich. In der Praxis müssen viele Leistungen dennoch vor Ort bezahlt werden, und niedergelassene Ärzte in Spanien und Portugal akzeptieren die EHIC gar nicht. Daher empfiehlt sich in jedem Fall der Abschluss einer privaten Reisekrankenversicherung.

REISEZEIT
Auf den Kanarischen Inseln ist das ganze Jahr über Saison. Kreuzfahrten in die Region werden aber vor allem im Winterhalbjahr, zwischen Oktober und April, veranstaltet. Die Temperaturen sind dann an den Küsten frühlingshaft mild. In den Bergen im Inselinneren kann es auch etwas kühler sein, weshalb sich bei Landausflügen die Mitnahme eines Anoraks empfiehlt. An den Nordhängen der Inseln bilden sich tagsüber oft Wolken, aus denen es manchmal regnet. Trockener und sonniger ist die jeweilige Südseite der Inseln. Auch auf See bleibt der Himmel meist klar.

SCHIFF-ABC

Achtern – gesamter Bereich des Schiffes, der hinter der Mitte liegt

Auslaufen – Verlassen des Hafens

Ausschiffen – Verlassen des Schiffes am Ende der Reise

Außenkabine – Kabine mit Fenster oder Balkon

Backbord – linke Seite des Schiffes (in Fahrtrichtung)

Brücke – Kommandoraum und Arbeitsplatz des Kapitäns

Bug – vorderer Teil des Schiffes

Bullauge – rundes Fenster

Bunker – das Treibstofflager des Schiffes

Cabin Steward – Kabinenbedienung

Cruise Director – Kreuzfahrtdirektor, zuständig für Unterhaltung und Landausflüge

Deck – Etage bzw. Stockwerk des Schiffes

Dock – Anlegestelle des Schiffes

Early Bird – Frühstück für Frühaufsteher

Einschiffen – an Bord gehen zu Beginn einer Reise

Faden – nautisches Längenmaß, entspricht 1,82 m

Farben – Nationalflagge des Schiffes

Flaggschiff – größtes und meist auch neuestes Schiff einer Reederei

Flotte – Bestand an Schiffen einer Reederei

Fly-Cruise – Kombination von Kreuzfahrt und Fluganreise

Freestyle Cruising – freie Ordnung in den Bordrestaurants, d. h. keine Kleidervorschriften oder feste Essenszeiten

Freihafen – Hafen ohne Zölle

Gangway – Treppenzugang zum Schiff

Gieren – Vom Kurs abkommen

Heck – hinterer Teil des Schiffes

Jungfernfahrt – erste Reise eines Schiffes mit Passagieren

Kabellänge – nautisches Längenmaß (= 100 Faden, 182,8 m)

Kai – Hafenbefestigung, an der Schiffe festmachen können

Kapitän – oberster Chef des Schiffes, trägt die Gesamtverantwortung für Mannschaft und Passagiere

Kategorie – Einstufung eines Kreuzfahrtschiffes in ein bestimmtes Niveau, ähnlich dem Sternesystem bei Hotels

Kiel – von vorne bis hinten durchgehender Bauteil eines Schiffes

Klima (Mittelwerte)	JAN	FEB	MÄR	APR	MAI	JUN	JUL	AUG	SEP	OKT	NOV	DEZ
Tages-temperatur	20	21	22	23	24	26	28	29	28	26	24	21
Nacht-temperatur	14	14	15	16	17	19	20	21	21	19	17	16
Sonnen-stunden	6	6	7	8	9	10	11	11	8	7	6	6
Regentage pro Monat	7	5	4	2	1	0	0	0	0	4	5	7

Erlesene Ziele

Auf den Spuren berühmter Persönlichkeiten

Kielwasser – durch die Schiffsschrauben aufgewühlte Fahrspur des Schiffes

Knoten – Einheit zur Geschwindigkeitsmessung eines Schiffes; ein Knoten entspricht einer Seemeile pro Stunde

Koje – Schlafplatz im Schiff

Kombüse – Schiffsküche (auch Galley genannt)

Kreuzfahrtdirektor – zuständig für Unterhaltung und Landausflüge

Kurs – geplanter Weg des Schiffes zum nächsten Ziel, angegeben in Grad relativ zur Nordrichtung

Lee – dem Wind abgewandte Seite des Schiffes

Lotse – Hilfskapitän für Häfen und schwierige Gewässer

Luv – dem Wind zugewandte Seite des Schiffes

Main Sitting – erster Durchgang im Speisesaal

Messe – Salon, Speisesaal

Mittschiffs – zentraler Bereich zwischen Bug und Heck

Niedergang – Treppe im Innenbereich des Schiffes

Pier – Hafenbauwerk, das im Winkel zum Kai verläuft und als Schiffsanlegestelle dient; im englischen Sprachgebrauch ein Bauwerk auf Pfählen (Steg, Seebrücke)

Port Taxes – Hafengebühren, entrichtet die Reederei für die Hafenbenutzung

Querab – seitlich des Schiffes

Reede – Ankerplatz vor einem Hafen; ein Schiff liegt auf Reede, wenn der Zielhafen überfüllt ist oder aus anderen Gründen nicht angefahren werden kann

Reling – obere Bordwand

Repeater – Fahrgäste, die mehr als einmal bei derselben Reederei gebucht haben

Ruder – Steuerung des Schiffes

Rumpf – Schiffskörper ohne Aufbauten

Schlingern – seitliche Schaukelbewegungen

Schott – wasserdichte Trennwand zwischen den Rumpfkammern

Schraube – Propeller für den Antrieb

Second Sitting – zweiter Durchgang im Speisesaal

Seegang – Wellenbewegung des Wassers

Seekarten – Karten für die Navigation

Seemeile – 1,852 km

Single Use – Kabinen zur Alleinbenutzung; wegen fehlender Einzelkabinen werden oft Zuschläge von 100 % erhoben

Sitting – Verteilung der Sitzplätze und Tische im Speisesaal

Stabilisator – Einrichtung, die das Schwanken des Schiffes mit den Wellen verhindert

Staff-Kapitän – stellvertretender Kapitän

Stampfen – Schaukeln des Schiffes in Längsrichtung

Stapellauf – Zuwasserlassen eines Schiffes nach der Schiffstaufe

Steuerbord – rechte Schiffsseite (in Fahrtrichtung)

Tenderboot – Beiboot zum Übersetzen von Passagieren von der Reede an Land

Tiefgang – Abstand zwischen der Wasseroberfläche und dem tiefsten Punkt des Schiffes

Tip – Trinkgeld

Untiefe – flache Wasserstelle

Verholen – Im Wasser treiben, ohne eigenen Antrieb
Vorsteven – vorderster Schiffsteil

Wache – Dienstzeit
Wasserlinie – Höhe der Wasserfläche am Schiffsrumpf

SCHLÜSSELKARTEN
Jeder Passagier erhält eine elektronische Bordkarte. Sie ist beim Antritt eines Landausflugs und bei der Rückkehr aufs Schiff als Legitimation vorzuzeigen, öffnet die Kabine und dient möglicherweise als Kreditkarte an Bord. Beim Einschiffen muss außerdem ein Personalausweis oder Pass vorgelegt werden.

TAGESPROGRAMME
Handzettel, die mit den Angeboten an Bord für den kommenden Tag, etwa speziellen Veranstaltungen oder Informationsvorträgen, und mit Landausflügen bekannt machen, liegen spätestens am Vorabend in den Kabinen aus. Außerdem ist das Programm Aushängen, der Bordzeitschrift und dem internen Bordfernsehen zu entnehmen. Zu beachten sind vor allem – ganz wichtig! – die Liegezeiten in den Häfen, die man sich beim Landgang einprägen sollte, denn bei einer Verspätung wird das Schiff nicht auf Sie warten.

TELEFON
VORWAHLEN
Marokko 0 02 12
Portugal 0 03 51
Spanien 00 34

Die Kabinen sind mit Telefonapparaten ausgestattet, Gespräche kommen aber über das Bordnetz recht teuer. Auch mobiles Telefonieren an Bord ist in der Regel möglich, gegen relativ hohe Gebühren. Mit einem international freigeschalteten Handy können Sie in Küstengewässern über das Netz des jeweiligen Gastlandes telefonieren. Durch den Eurotarif ist die Nutzung von Mobiltelefonen innerhalb der EU deutlich preisgünstiger geworden. Bis zum 15. Juni 2017 dürfen auf den jeweils gültigen nationalen Tarif noch geringfügige Roaming-Gebühren aufgeschlagen werden. Diese sollen anschließend komplett entfallen. Noch billiger wird es mit bestimmten Paketen, die von den Mobilfunkbetreibern angeboten werden. Etwas teurer ist das Telefonieren über das marokkanische Netz.

TRINKGELDER
Bei manchen Schiffen ist das Bordtrinkgeld bereits im Reisepreis inbegriffen. Ansonsten wird vielfach ein bestimmter Prozentsatz oder Betrag als Trinkgeld von der Bordkreditkarte abgebucht. Wo das nicht der Fall ist, rechnet man mit Beträgen zwischen 5 und 10 € pro Person und Tag, die am Abend vor dem Ausschiffen an den Bordsteward und das Restaurantteam verteilt werden. Oft liegen zu diesem Zweck Umschläge in der Kabine bereit, in die man den Betrag, den man geben möchte, stecken kann.

TRINKWASSER
Das Wasser an Bord hat Trinkwasserqualität. Auf langen Routen reichen Tanks nicht aus – Entsalzungsanlagen kommen dann zum Einsatz.

WÄSCHE

Wie jedes große Hotel verfügen auch alle Kreuzfahrtschiffe über einen Wäscheservice.

ZEITVERSCHIEBUNG

Auf dem spanischen Festland gilt die Mitteleuropäische Zeit (MEZ), auf den Kanaren, Madeira und dem portugiesischen Festland die Westeuropäische Zeit (MEZ-1 Std.). Es wird jeweils zu denselben Terminen auf Sommer- und Winterzeit umgestellt wie bei uns. Marokko verwendet ebenfalls die Westeuropäische Zeit. Allerdings gibt es dort keine Sommerzeit, weshalb die Uhr im Sommer um zwei Stunden gegenüber MEZ zurückzustellen ist.

ZOLL

Die Kanarischen Inseln sind zollfreies Gebiet. Reisende aus EU-Ländern unterliegen dort ebenso wie Schweizer den internationalen Bestimmungen. Nach Deutschland und Österreich dürfen See- und Flugreisende von den Kanaren Waren für den privaten Gebrauch im Wert von 430 € (Kinder/Jugendliche unter 15 Jahren 175 €), in die Schweiz im Wert von 300 SFr mit nach Hause nehmen. Tabakwaren und Alkohol fallen nicht unter diese Wertgrenze und bleiben in bestimmten Mengen abgabenfrei (z. B. 200 Zigaretten, 4 l Wein). Befindet sich der Ausschiffungshafen auf dem spanischen Festland oder in einem anderen EU-Land, dürfen Reisende aus Deutschland und Österreich Waren von beliebigem Wert mitnehmen, sofern glaubhaft gemacht werden kann, dass sie für den privaten Gebrauch bestimmt sind. In der Praxis sollten gewisse Richtmengen nicht überschritten werden (z. B. 800 Zigaretten, 90 l Wein, 10 kg Kaffee).

Weitere Auskünfte erhalten Sie unter www.zoll.de, www.bmf.gv.at/zoll und www.zoll.ch.

WEGZEITEN (IN SEEMEILEN; 1 SM = 1,85 KM) ZWISCHEN DEN HÄFEN

	Cádiz	Casablanca	Fuerteventura, P. d. Rosario	Gran Canaria, Las Palmas	La Gomera, San Sebastián	Lanzarote, Arrecife	La Palma, Santa Cruz	Lissabon	Madeira, Funchal	Teneriffa, Santa Cruz
Cádiz	–	188	615	685	746	583	746	270	573	698
Casablanca	188	–	530	540	595	430	600	340	470	555
Fuerteventura, P. d. Rosario	615	530	–	110	215	35	230	675	345	160
Gran Canaria, Las Palmas	685	540	110	–	100	115	135	710	280	50
La Gomera, San Sebastián	746	595	215	100	–	215	55	755	275	70
Lanzarote, Arrecife	583	430	35	115	215	–	225	635	310	150
La Palma, Santa Cruz	746	600	230	135	55	225	–	740	250	115
Lissabon	270	340	675	710	755	635	740	–	535	720
Madeira, Funchal	573	470	345	280	275	310	250	535	–	270
Teneriffa, Santa Cruz	698	555	160	50	70	150	115	720	270	–

Kartenatlas

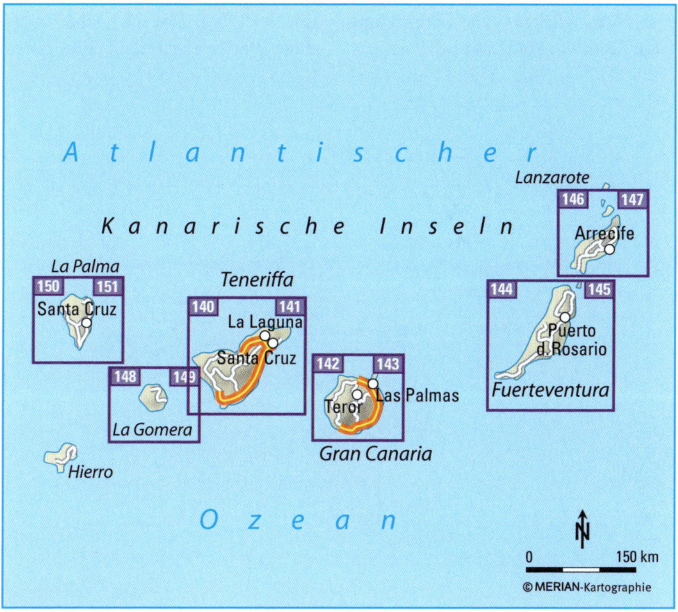

Atlantischer

Kanarische Inseln

Lanzarote

146 147

Arrecife

La Palma

150 151

Santa Cruz

Teneriffa

144 145

140 141

La Laguna

Puerto
d. Rosario

Santa Cruz

148 149

142 143

Fuerteventura

La Gomera

Teror

Las Palmas

Hierro

Gran Canaria

Ozean

0   150 km

© MERIAN-Kartographie

Legende

Sehenswürdigkeiten

- **10** MERIAN TopTen
- **10** MERIAN Tipp
- Sehenswürdigkeit, öffentl. Gebäude
- Sehenswürdigkeit Kultur
- Sehenswürdigkeit Natur
- Kirche; Kloster
- Schloss, Burg; Ruine
- Museum
- Leuchtturm
- Windmühle
- Höhle

Verkehr

- Autobahn
- Autobahnähnliche Straße
- Fernverkehrsstraße
- Hauptstraße
- Nebenstraße
- Fußgängerzone
- **P** Parkmöglichkeit
- **B** Busbahnhof
- Schiffsanleger
- Flughafen

Sonstiges

- **i** Information
- Theater
- Denkmal
- Markt
- Weingut
- Aussichtspunkt
- Strand
- Hütte
- Friedhof
- Nationalpark

Teneriffa

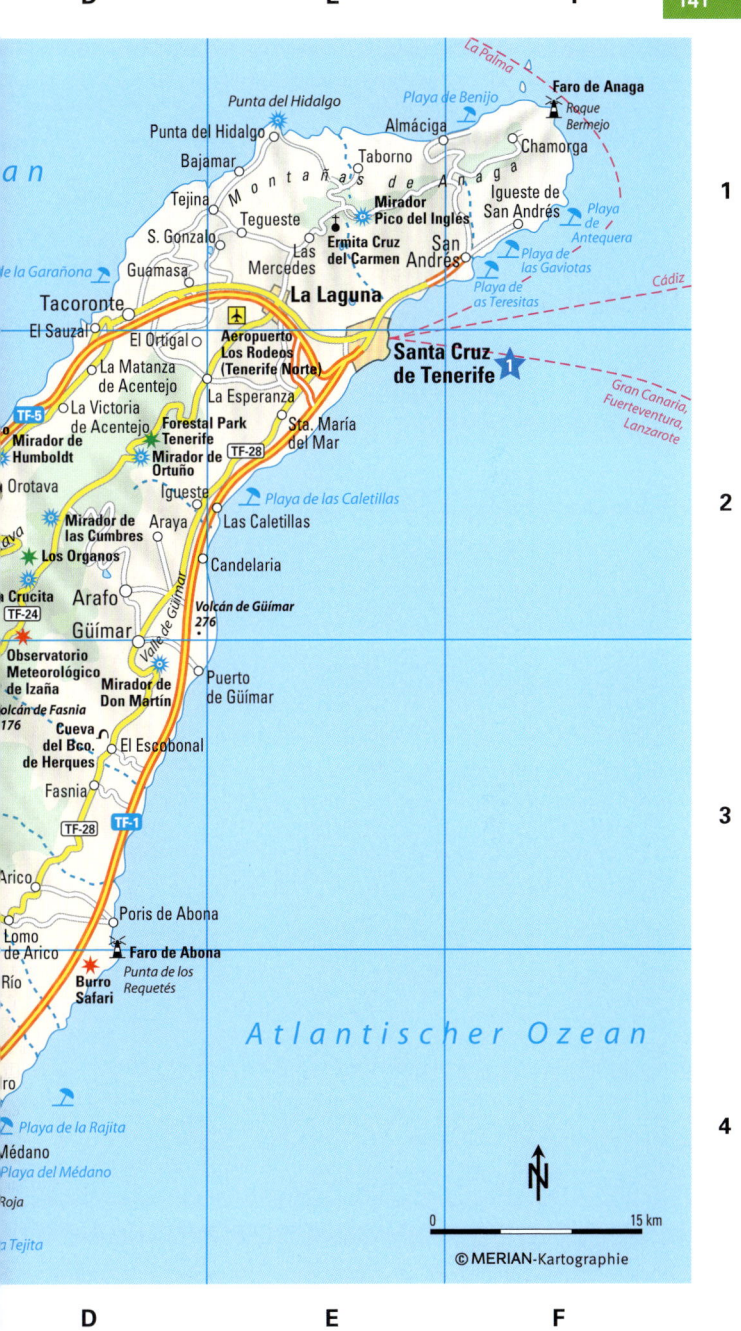

1

2

3

4

A

B

C

Atlantischer Ozean

Spanien

P

Marokko

Kanarische
Inseln

Cuesta de Silva

Playa de Sardina

Playa
Agujero

Sardina

Gáldar

La Guar

Cueva
Pintada

Puerto de
las Nieves

Agaete

Valle
de Agae

Los B

Tamadaba
1444

Lug

El Risco

Parque
Natural

Artenar

Mirador
del Balcón

Punta de la
Aldea

1377
Altavista

Puerto de la Aldea

La Aldea de
San Nicolás

Vega
de Acusa

Roque Colorado

Bco. de la Aldea

Roque Bentayg

Embalse
de Siberio

Montaña de
Hogarzales

Montaña de Sandara

1042

1578

Tasartico

Tasarte

Los Azulejos

Cuev
de las

1025
Risco Grande

Soria

Playa del Asno

El Manantial

Las Casas
de Venguera

El Inglés

Lomo Tasarte

Barranco de Mogán

Mogán

Playa de Tasarte

Cercado de Espino

P

Playa de Veneguera

Puerto de Mogán

Bco. de Arguineguín

Playa del Diablito

Playa del Tauro

Puerto Rico

GC-1

Playa de Puerto Rico

Patalavaca

Arguineguín

Gran Canaria

Playa de
Arguineguín

Pla

A

B

C

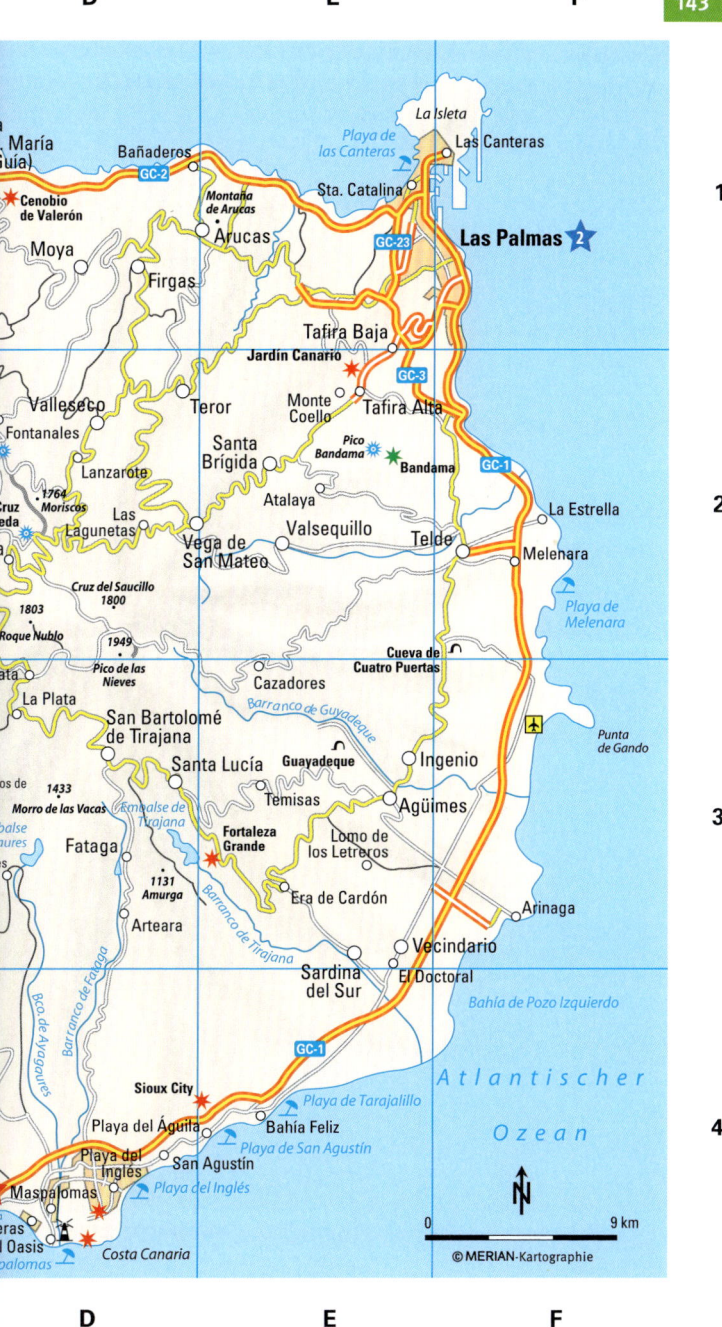

Fuerteventura

Spanien

P

Atlantischer

Ozean

Marokko

Kanarische Inseln

A t l a n t i s c h e r

Punta de

Arco del J
Peña Hora
Caleta Ne

Playa de los Muerto

O z e a n

American Star
Las Salinas

Zo
Milit

Cortijo de
Chilegua

Punta de Guadalupe
Playa del Viejo Rey

La Paré

*Istmo de
la Parea*

Costa Calma

Punt

Playa de Barlovento

El Jable

Playa de Cofete

Risco del Paso

Playa B

Punta de
Barlovento

**Pico de
la Zarza
807**

*Playas de Sotaven
de Jandía*

253

FV 2

Punta Pesebre

**M. Aguda
495**

Cofete

Esquinzo

Playa de Ojos

Península

**Puerto
de la Cruz**

**Casas de
Jorós**

Playa Esquinzo

Morro Jable

*Las Palmas
(Gran Canaria)*

**Faro
de Jandía**

Jandía

Las Palmas (G

Playa del Matorral

Playa Blanca (Lanzarote)
Punta de la Tiñosa
El Río
Isla de Lobos

Majanicho
Punta de Tostón
Faro de Tostón
Corralejo
FV 1
Playa de Corralejo

El Cotillo
Playa del Aljibe de la Cueva
Malpaís de Bayoyo
Lajares
Arena 420
M. Roja 312

Punta de Paso Chico
La Oliva 326
Villaverde
Parque Holandés

Montaña Tindaya 397
La Oliva
Caldereta

Tindaya
Vallebrón

M. Quemada 294
Colonia G. Escámez
Monumento Unamuno
Guisguey

Puerto de los Molinos
Embalse de los Molinos
Tefía
Totir
FV 10
Puerto de Lajas

Cuchillos 625
Casillas del Ángel
La Asomada
FV 20

Júcar
Llanos de la Concepción
Playa Blanca
Puerto del Rosario 3
Playa Blanca

Valle de Santa Inés
La Ampuyenta
Playa del Matorral

Tegú, Mirador Morro Velosa
Triquivijate
El Matorral

Betancuria 724 645
Antigua

Virgen la Peña
Valles de Ortega

Peña de Peñitas
Vega de Río Palmas
Agua de Bueyes
Costa Caleta (Caleta de Fustes)
Playa del Castillo

enduca 609
Toto
Tiscamanita
Las Salinas del Carmen
Las Salinas del Carmen

Pájara
Malpaís Chico
Pozo Negro
Playa de Pozo Negro

Tuineje
Malpaís Grande
Casas Hondas
Atalaya de Pozo Negro 439

La Florida
Los Arrables 201
Teseleragüe
FV 20

Rosa de los James
Vigán 462
Las Playitas
Punta de la Entallada

Giniginámar
Gran Tarajal
Playa de Gran Tarajal

Tarajalejo
Playa de Tarajalejo

linillos

Arrecife (Lanzarote)

N

0   12 km

© MERIAN-Kartographie

Lanzarote

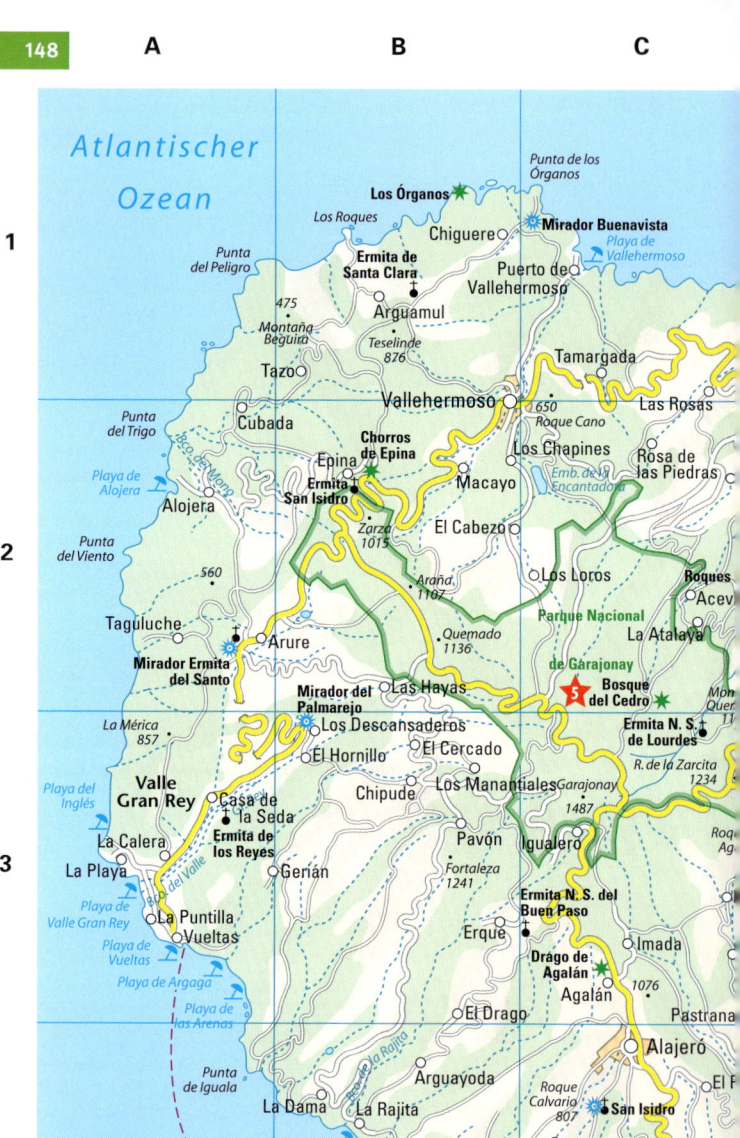

La Gomera

Atlantischer Ozean

Spanien

P

1

Punta del
Jurado

Kanarische
Inseln

Marokko

Agulo
Lepe
*Playa de
Hermigua*

ego
Bolas

gua

S. Catalina
Playa de la Caleta

**Ermita de
San Juán**

Punta San Lorenzo

Las Nuevitas

El Palmar

2

bo
los

de

Enchereda

1065

Tagaluche

Barranco de Juel

Punta Majona

634

620

**Cuevas
Blancas**

Playa Zamora

**Túnel de
la Cumbre**

Punta Llana

El Rejo

**Ermita N. S.
de Guadalupe**

Chejelipes

Lomo Fragoso

Jaragán

642

*Emb. de
Chejelipes*

**Ermita de Nuestra
Señora de Guadalupe**

Punta de Avalo

ue de Ojila

La Laja

El Atajo

Barranco de la Villa

Playa de Avalo

rmita de
s Nieves

**Mirador
Degollada
de Peraza**

El Jorado

El Molinito

Vegaipala

Tagamiche

979

Ayamosna

692

**San Antonio
y Pilar**

San Sebastián

3

gua

Jérduñe

ato

Bco. Juan de Vera

443

**Mon. al Sagrado
Corazón de Jesús**

Los Cristianos
(Teneriffa)

Tejiade

Seima

*Playa de
Machal*

bezo

Barranco de Chinguarime

Contrera

*Playa de
El Cabrito*

Punta de
la Fuente

Roque del Herrero

Valverde (Hierro)

4

Punta Gaviota

*Playa del Medio,
Playa de Tapahuga*

ya

go

*Playa
Santiago*

N

0   3 km

© MERIAN-Kartographie

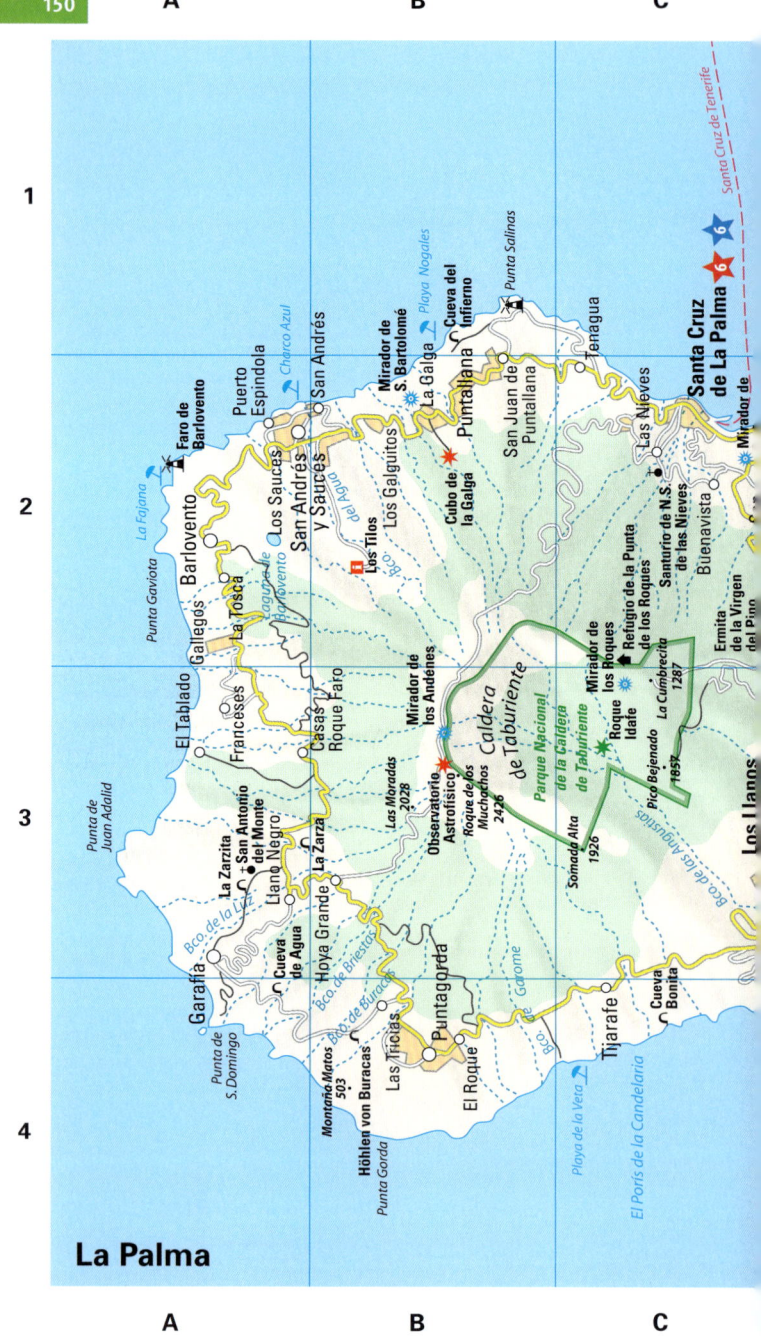

La Palma

Kartenregister

DIE WELT *live!* ENTDECKEN.

A
Abu Dhabi
Amalfiküste/Golf von Neapel
Amsterdam
Andalusien
Antalya
Antwerpen/Brügge/Gent
Apulien

B
Bali
Bangkok
Barbados/St. Lucia/Granada/
 Kleine Antillen
Barcelona
Basel
Berlin
Bern
Bodensee
Bretagne
Brüssel
Budapest

C
Chalkidiki/Thessaloniki
Cinque Terre/Ligurien/Genua
Cornwall/Südengland
Costa Rica/Panama

D
Dominikanische Republik
Donaukreuzfahrt
Dresden
Dubai/Emirate/Oman
Dublin

E
Edinburgh
Elba
Elsass
Erfurt

F
Finnland
Florenz
Florida
Frankfurt am Main
Fuerteventura

G
Gardasee
Genusstouren durch die
 deutschen Weinregionen
Glacier Express
Göteborg
Gran Canaria

H
Hamburg
Hannover
Heidelberg
Helsinki
Hongkong/Macau
Hurtigruten/Norwegen mit
 dem Postschiff

I
Ibiza/Formentera
Island
Israel
Istanbul
Istrien

K
Kärnten
Kalabrien
Kanalinseln/Jersey/Guernsey
Kanarenkreuzfahrt
Kappadokien
Kapverdische Inseln
Karibikkreuzfahrt
Kenia/Tansania/Sansibar
Köln
Kopenhagen
Korea
Korsika
Kos
Krakau
Kreta
Kreuzfahrt im Arabischen Meer
Kroatien südliche Küste
 und Inseln
Kuba

L
Languedoc-Roussillon
Lanzarote
La Palma
Las Vegas
Leipzig
Lissabon
London

M
Madeira/Porto Santo
Madrid
Mailand
Malediven
Mallorca
Malta und Gozo
Marokko
Mauritius
Mecklenburgische Seenplatte
Mexiko/Yucatán
Mittelmeerkreuzfahrt
 östlicher Teil
Mittelmeerkreuzfahrt
 westlicher Teil
Moskau
München
Mykonos

N
Namibia
New York
Nizza/Monaco/Cannes/
 Saint-Tropez
Nordfrankreich/Nord-Pas de
 Calais/Picardie
Nürnberg

O
Oberitalienische Seen
Oslo
Ostfriesland/Ostfriesische Inseln

Ostseekreuzfahrt
Ostseeküste Mecklenburg-
 Vorpommern

P
Paris
Phuket
Piemont/Turin/Lago Maggiore
Prag
Provence

R
Rheinkreuzfahrt
Rhodos
Riga
Rom
Rügen/Hiddensee/Stralsund

S
Salzburg/Salzburger Land
San Francisco
Santorin
Sardinien
Schottland
Schwarzwald/Freiburg
Schweden/Der Süden
Seoul
Seychellen
Shanghai
Singapur
Sizilien/Liparische Inseln
Spaziergänge in Barcelona
Spaziergänge in Berlin
Spaziergänge in Hamburg
Spaziergänge in London
Spaziergänge in München
Spaziergänge in Paris
Spaziergänge in Rom
Spaziergänge in Wien
Sri Lanka
St.Petersburg
Stockholm
Straßburg
Stuttgart
Südafrika
Südtirol
Sylt

T
Teneriffa
Tessin/Lago Maggiore/
 Luganer See
Thailand
Toskana
Tunesien/Djerba
Türkei Südküste

V
Valencia/Costa Blanca
Venedig
Verona und das Veneto

W
Weimar
Wien

Z
Zürich
Zypern

Über 150 Titel!

MERIAN
Die Lust am Reisen

Orts- und Sachregister

Wird ein Begriff mehrfach aufgeführt, verweist die **halbfett** gedruckte Zahl auf die Hauptnennung. Abkürzungen: Hotel [H], Restaurant [R]

Liebe Leserinnen und Leser,

vielen Dank, dass Sie sich für einen Titel aus unserer Reihe MERIAN *live!* entschieden haben. Wir freuen uns, Ihre Meinung zu diesem Reiseführer zu erfahren. Bitte schreiben Sie uns an merian@graefe-und-unzer.de, wenn Sie Berichtigungen und Ergänzungen haben – und natürlich auch, wenn Ihnen etwas ganz besonders gefällt.

Alle Angaben in diesem Reiseführer sind gewissenhaft geprüft. Preise, Öffnungszeiten usw. können sich aber schnell ändern. Für eventuelle Fehler übernimmt der Verlag keine Haftung.

© 2018 GRÄFE UND UNZER VERLAG GmbH, München

MERIAN ist eine eingetragene Marke der GANSKE VERLAGSGRUPPE.

1. Auflage 2018

Alle Rechte vorbehalten. Nachdruck, auch auszugsweise, sowie die Verbreitung durch Film, Funk, Fernsehen und Internet, durch fotomechanische Wiedergabe, Tonträger und Datenverarbeitungssysteme jeglicher Art nur mit schriftlicher Genehmigung des Verlages.

BEI INTERESSE AN DIGITALEN DATEN AUS DER MERIAN-KARTOGRAPHIE:
kartographie@graefe-und-unzer.de

BEI INTERESSE AN MASSGESCHNEI-DERTEN MERIAN-PRODUKTEN:
veronica.reisenegger@graefe-und-unzer.de

BEI INTERESSE AN ANZEIGEN:
KV Kommunalverlag GmbH & Co KG
Tel. 0 89/9 28 09 60
info@kommunal-verlag.de

GRÄFE UND UNZER VERLAG
Postfach 86 03 66
81630 München
www.merian.de

LESERSERVICE
merian@graefe-und-unzer.de
Tel. 00800 / 72 37 33 33*
Mo–Do: 9.00 – 17.00 Uhr
Fr: 9.00 – 16.00 Uhr
*(*gebührenfrei in D, A, CH)*

REDAKTION
Wilhelm Klemm

ÜBERARBEITUNG UND LEKTORAT
Beate Martin

SATZ
Nadine Thiel, kreativsatz

BILDREDAKTION
Nora Goth

HERSTELLUNG
Renate Hutt

REIHENGESTALTUNG
La Voilà, Marion Blomeyer & Alexandra Rusitschka, München und Leipzig
Independent Medien Design, Horst Moser, München

KARTEN
Kunth Verlag GmbH & Co. KG
für MERIAN-Kartographie

DRUCK UND BINDUNG
Printer Trento, Italien

Ein Unternehmen der
GANSKE VERLAGSGRUPPE

PEFC
PEFC/18-31-506